CHRISTOPHER HÖRSTER

PER ANHALTER DURCH DIE KRISE

EINE POLITISCHE RUCKSACKREISE DURCH DEN SÜDEN EUROPAS

IMPRESSUM

BIBLIOGRAFISCHE INFORMATION
DER DEUTSCHEN NATIONALBIBLIOTHEK:
Die Deutsche Nationalbibliothek verzeichnet diese Publikation in der Deutschen Nationalbibliografie; detaillierte bibliografische Daten sind im Internet über http://dnb.dnb.de abrufbar.

© 2015 Christopher Hörster

UMSCHLAGGESTALTUNG, SATZ & LAYOUT:
© 2015 **Tobias Bergmann** › *www.papiergestalt.de*

HERSTELLUNG & VERLAG:
BoD – Books on Demand, Norderstedt

ISBN:
978-3-7347-9100-0

FÜR

ALMUDENA ABASCAL SÁNCHEZ DE MOLINA

DER AUTOR

Christopher Hörster, geboren 1982 in Bergisch Gladbach, wuchs in Köln auf und studierte Jura in Passau, Nantes und Freiburg. Er verbrachte fünf Monate als Praktikant am Europäischen Gerichtshof in Luxemburg und absolvierte anschließend sein Rechtsreferendariat in Berlin.

Nach fast zwei Jahren als Jurist in Brüssel unternahm er 2013 eine zehnwöchige Reise durch Südeuropa, woraus der Reisebericht „Per Anhalter durch die Krise" entstand. Seit Januar 2014 ist Christopher Hörster Richter im Oberlandesgerichtsbezirk Düsseldorf.

DANKSAGUNGEN

Mein besonderer Dank gilt den Menschen, die sich die Zeit genommen haben mit mir zu sprechen und von denen ich auf meiner Reise viel lernen konnte.

DANKEN MÖCHTE ICH AUCH:
meinem Vater, der mich, trotz der Entscheidung meinen Job zu kündigen, nicht enterbt, sondern mir stattdessen einen Laptop für meine Reise geschenkt hat; meiner Mutter für das Korrekturlesen der vielen Texte; Claudio Schulz-Keune für hilfreiches, kritisches Feedback und schließlich all denen, die mich in der Entscheidung, dieses Buch zu schreiben, bestärkt haben.

INHALT

PROLOG 1

ERSTES KAPITEL 3
ENTSCHEIDUNG & ABREISE

ZWEITES KAPITEL 5
GRIECHENLAND

DRITTES KAPITEL 39
ITALIEN

VIERTES KAPITEL 61
PORTUGAL

FÜNFTES KAPITEL 87
SPANIEN

EPILOG 117

PROLOG

Wie an so vielen Winterabenden sitze ich in einem großen, hell erleuchteten Saal. Draußen malt der Regen dünne Streifen an die Fenster, es ist schon seit Stunden stockdunkel und ein ungemütlicher Wind weht durch das kalte Brüsseler Europaviertel. Ich nehme den Blick von den nassen Glasscheiben, rutsche ein bisschen tiefer in meinen bequemen Stuhl und öffne den obersten Knopf meines Hemdes. Der Saal ist gerappelt voll. Hinter den Reihen stehen die zu spät erschienen Besucher, größtenteils pensionierte europäische Beamte, und auch um mich herum sitzt die übliche Mischung adretter Menschen aus EU-Institutionen und Lobbyverbänden. Die Landesvertretung Baden-Württembergs hat heute einen österreichischen Schriftsteller zu Gast, dessen Buch zu EU und Europa augenblicklich in allen Brüsseler Buchhandlungen ausverkauft ist. Nach einer Weile tritt der Leiter der Landesvertretung an das Mikrophon und das Gemurmel verstummt. Er ergeht sich kurz in den gewöhnlichen Huldigungen an den Gast, dann endlich tritt der heiß ersehnte Autor selbst an das Rednerpult. Viele Augenbrauen ziehen sich konzentriert zusammen.

„Liebe Freunde! Was wir brauchen ist eine Vision." Gravitätisch lässt er einige Sekunden verstreichen. „Ein Vision für Europa." Im Saal herrscht respektvolle Stille. Angstfrei und konsequent, fährt er fort, müsse man den notwenigen Schritt wagen, die große Lösung müsse her, die Vereinigten Staaten von Europa, eine postnationale Superdemokratie, und zwar sofort. Einige Hände beginnen zu klatschen. Denn das in Europa geschaffene sei einzigartig, er nimmt Fahrt auf, Wohlstand für alle, 60 Jahre Frieden, Reisefreiheit, Rechtsstaat und Reichtum! Er will noch weiter sprechen, doch begeisterter Applaus der mitgerissenen Zuhörer braust auf und verschluckt seine letzten Worte. Verwundert blicke ich mich um.

Eine volle Stunde später hat der Redner jeden Begriff aus der Europa-Feuilleton-Debatte genannt, sich über europakritisches Gemecker ewig gestriger Nationalisten beschwert und klargestellt, dass jeder EU-Beamte ein besserer Mensch der neuen, europäischen Avantgarde ist. Die Stimmung im Saal ist bestens und so kann in entspannter Atmosphäre die Podiumsdiskussion beginnen, die sich dem Vortrag anschließt. Der berühmte Gast sitzt mit drei anderen vor kleinen Mineralwasserflaschen und ergreift sogleich das Wort. Außenhandelsüberschuss und Defizit, Vermögen, Schulden, Arbeitslosigkeit, bilanziert er, das alles sei im Grunde ein rein perspektivisches Problem. Nehme man zum Beispiel die Außenhandelsbilanz. Da habe Deutschland einen Überschuss, Griechenland ein Defizit, gemeinsam, gesamteuropäisch, Sie verstehen, also ausgeglichen! Er breitet die Arme aus. Entgeistert bemerke ich offene Münder und fasziniertes Schweigen um mich herum. Gesamteuropäisch, fährt er in die gebannte Stille fort, sei vor allem eines nicht: der Fußball. Kurz genießt er die Verwunderung über diese Weisheit, lehnt sich zurück und schlägt die Beine übereinander. Die Mannschaften bei den großen Turnieren, streng nationalistisch nach Staatsangehörigkeit getrennt, gehörten endlich abgeschafft. Als Relikt eines kriegerischen Europas seien sie Hauptgrund für die Verhaftung in der eigenen, kulturellen Identität, ein Symbol der Rückwärtsgewandtheit des europäischen Pöbels, kurz: die Wurzel allen Übels. Viele Köpfe nicken bedächtig.

Resigniert verbringe ich den Rest des Abends damit, über das begeisterte Publikum hinweg in die Ferne zu starren, bis die Moderatorin mich endlich erlöst und die Veranstaltung beendet. Hastig werfe ich mir meinen Mantel über die Schultern und kämpfe mich zum Ausgang. Draußen regnet es noch immer und ein kalter Wind pfeift um die scharfen Ecken. Ich bleibe eine Zeit lang auf dem schmalen Bürgersteig stehen und sehe in die wenigen, erleuchteten Büros auf der anderen Straßenseite. In der hohen Glasfassade geht plötzlich eines der Lichter aus. Ich schaue noch eine Weile in das dunkle Viereck, ziehe dann entschlossen meinen Schal fester und mache mich auf den Weg nach Hause.

ERSTES KAPITEL
ENTSCHEIDUNG & ABREISE

Gesendet: Dienstag, 5. März 2013, 10:52
Von: „Christopher Hörster" <christopher.hoerster@...>
An: drw@...; g@...; kh@...; o@...; a@...; l@...

Betreff: Neuigkeiten

Lieber Papa, liebe Mama, liebe Katharina, liebe Geschwister, liebe alle,
ich habe meinen Job gekündigt. Ich muss raus aus der Brüsseler EU-Welt, schon viel zu lange schimpfe ich auf lächelnde Lobbyisten und höfliche Kommissionsbeamte, es müssen endlich Taten folgen.
Anders als Ihr vielleicht erwartet, habe ich mir jedoch vorläufig keine neue Anstellung gesucht. Bevor ich wieder einem geregelten Broterwerb nachgehe, habe ich Folgendes vor:
Am 20.4.2013 geht mein Flug nach Athen. Nach zwei Wochen im Epizentrum der europäischen Krise werde ich mich langsam Richtung Westen zum Meer durchschlagen, die Fähre nehmen und Italien hoch bis Neapel reisen. Von dort soll mich ein Flugzeug auf die iberische Halbinsel tragen, Lissabon, Porto, Madrid und Barcelona werden meine letzten Stationen auf dem Weg zurück nach Brüssel sein. Das Ganze soll so ungefähr zehn Wochen dauern.
Die zweieinhalb Monate im Süden Europas sollen aber nicht nur persönliches Vergnügen sein. Ich bin über das, was augenblicklich auf unserem Kontinent passiert, wirklich besorgt. Auf meiner Reise möchte ich daher die Schönheit und Vielfalt Europas, aber auch die harte Realität der Krise, in der sich seine Bewohner augenblicklich befinden, dokumentieren. Zu diesem Zweck werde ich versuchen, mit so vielen Aktivisten, Journalisten, Akademikern, Politikern, Künstlern, Studenten und jedem Menschen sonst, der sich für mich Zeit nimmt, zu sprechen. Alle Erlebnisse und Gespräche plane ich dann in einem Reisebericht zusammenzufassen. Ihr sollt die Ersten sein, die ihn lesen. So Ihr denn wollt.
Ich habe den Verdacht, dass die Reaktionen auf diese Mail relativ unterschiedlich ausfallen werden. Eigentlich schön.
Wünscht mir Glück, liebe Familie!

Euer Christopher

20. APRIL 2013 – FLUGHAFEN KÖLN/BONN

Der Abschied von Almudena tut wirklich weh. Die großen Augen meiner Freundin sehen mich traurig an, ich winke ein letztes Mal hinter der Sicherheitskontrolle und stehe alleine in der riesigen Halle. Obwohl ich an meiner Entscheidung nie gezweifelt habe, macht mir die große Ungewissheit, die heute in dem anonymen Terminal beginnt, auf einmal Angst. Als ich kurze Zeit später zum Gate komme, wo eine laute Menschenmenge auf das Boarding wartet, überkommt mich Panik. Ich bleibe stehen, sammele mich und hebe den Fuß zu einem Schritt nach vorn. Plötzlich schreit ein kleines Kind neben mir laut auf, vor Schreck tue ich fast einen Sprung zur Seite. Schnell gehe ich an das andere Ende der Halle und setzte mich, weit weg von der angsteinflößenden Meute, allein in eine Ecke.

ZWEITES KAPITEL
GRIECHENLAND

21. APRIL 2013 – ATHEN

Ich sitze auf einer gemütlichen Parkbank im Nationalgarten neben dem Parlament. Einige große Wolken verdunkeln hin und wieder die angenehm warme Sonne, die Vögel zwitschern und entfernt hört man Menschen und Autos. Ich habe mich relativ weit in den Park hinein begeben und sitze ungestört an einem der weißen Wege aus Kies und Sand, die sich durch den Park schlängeln. Meinen ersten Tag habe ich zu einer ausgiebigen Erkundungstour durch das Zentrum genutzt und bin, offen gestanden, etwas überrascht. Athen kommt mir wie eine nicht unbedingt schöne, aber trotzdem gewöhnliche Großstadt vor. Es ist laut, viele der breiten Straßen sind schmutzig und zahlreiche Gebäude renovierungsbedürftig, insgesamt ist mein erster Eindruck aber weit entfernt von dem im Chaos versinkenden Moloch, dessen Bilder die letzten drei Jahre über den Bildschirm im meinem Wohnzimmer geflimmert sind. Bereits gestern Nacht, als ich mit dem riesigen Trekkingrucksack auf dem Rücken in die Metro stieg, wurde ich zu meiner Verwunderung kaum beachtet und konnte gegen Mitternacht unbehelligt mein Hostel erreichen. Zwei alte Männer, die gemächlich diskutierend an meiner Bank vorbeilaufen, reißen mich aus meinen Gedanken. Ich ziehe meine Wasserflasche aus dem Rucksack, nehme einen tiefen Schluck und sehe den Beiden hinterher, wie sie über den weißen Weg schlendern und hinter einer Hecke verschwinden.

22. APRIL 2013 – ATHEN

In der Morgensonne warte ich auf meinen ersten Gesprächspartner. Gegenüber führen die rot gekachelten Treppenstufen hinauf in mein Hostel, ich betrachte das schmale, schmutzige Schild und stelle fest, dass ich mit der Unterkunft eigentlich ganz zufrieden bin. Im Inneren gibt es zwar fast kein natürliches Licht, ich schlafe in einem engen Raum mit sieben Anderen und die Toilettentür schließt nicht richtig, aber es kostet neun Euro die Nacht, ist sauber und der Typ am Empfang wirklich hilfsbereit. Ich brauche nicht mehr, denke ich zufrieden, lehne mich an die Hauswand hinter mir und schaue auf die Uhr.

Tasos ist griechischer Pfarrer und nur zehn Minuten zu spät kommt seine kleine Gestalt eilig die Straße herauf. Er trägt trotz der Frühlingstemperaturen Hemd und Jacke, in seinem schwarzen Haar und seinen dunklen Augenbrauen über der kleinen Brille fallen mir einzelne Schuppen auf. Wir schlängeln uns durch die volle Metro und sitzen eine Stunde später auf einer wunderschönen Terrasse mit Blick auf die Akropolis. Tasos organisiert nicht nur eine Essenausgabe für die Bedürftigen seiner Gemeinde, sondern hat auch einen MBA in den USA gemacht, weswegen er mir die griechische Situation auf tadellosem Englisch erklären kann.

„Es ist wichtig zu verstehen, warum die reine Sparpolitik für die griechische Wirtschaft so schlecht ist. In Griechenland werden über 70% des Bruttoinlandprodukts durch kleine Dienstleister und Warenverkäufer erwirtschaftet. Das sind Geschäfte wie der Tante-Emma-Laden an der Ecke oder der Klempner nebenan. Die strenge Sparpolitik hat nun zum völligen Zusammenbruchbruch der Binnennachfrage, also des Konsums in Griechenland geführt. Niemand hat mehr Geld. Diese kleinen Unternehmen hängen aber ausschließlich von der Nachfrage in Griechenland ab. Um es einfach zu sagen: Ein selbstständiger Klempner aus Thessaloniki hat nicht die Möglichkeit, seine Dienste in Mailand anzubieten. Beauftragt ihn niemand in Griechenland, geht er pleite. Und genauso über 70% der griechischen Wirtschaft, die aus kleinen Unternehmen besteht. Deswegen hat die augenblickliche Politik dahin geführt, wo wir heute stehen: Jeder vierte Grieche lebt unter der Armutsgrenze, die offizielle Arbeitslosigkeit liegt bei 25%, inoffiziell geht man von knapp einem Drittel aus. Die Wirtschaft ist seit 2008 um 25 Prozent geschrumpft, die Arbeitslosigkeit hat sich verdreifacht."

„Dazu kommt", er holt tief Luft, „dass 30% der Arbeitnehmer nicht pünktlich bezahlt werden und selbst der privilegierte Rest aus Angst vor der Zukunft nichts ausgibt. Eine Wirtschaft, die so sehr vom Konsum im Inland abhängt wie die griechische, kann auf diesem Weg nicht wieder auf die Beine kommen."

Als ich einen Moment von meinem Notizbuch aufsehe, studiert Tasos gerade einen Zettel mit Bullet points. Nüchtern fährt er fort: „Zu Hilfspaketen und Staatsschulden: Das Geld der Euroländer hat weder dem griechischen Staat noch den Menschen im Land geholfen. Die Hilfsgelder gehen zu einem großen Teil direkt wieder aus Griechenland heraus an ausländische Gläubiger. Auch der Schuldenschnitt[1] hat lediglich die Falschen wie Pensionsfonds, Sozialversicherungen und Privatpersonen getroffen. Jede Bank konnte sich sofort im Anschluss bei der Europäischen Zentralbank fast zinslos Geld leihen und so die entstandenen Ausfälle kompensieren. Eine Möglichkeit, die den griechischen Pensionsfonds unglücklicherweise nicht offenstand. Aber abgesehen davon, wen es trifft", Tasos zieht die Schultern hoch und sieht mich an, „weiß hier sowieso jeder, das ein zweiter Schuldenschnitt absolut unausweichlich ist. Auch die Politik erklärt offen, dass man nach den Wahlen in Deutschland darüber verhandeln werde."

Er schiebt den Zettel ein Stück zur Seite und steckt sich den gelben Strohhalm aus

---

[1] Im März 2012 verzichteten private Gläubiger auf 53,5% ihrer Forderungen gegen Griechenland.

seinem Fruchtsaft in den Mund. Ich nehme einen Schluck von meinem Cappuccino und werfe einen kurzen Blick auf die strahlend weiße Akropolis vor dem blauen Himmel. Einen Moment lang fliehen meine Gedanken vor den komplizierten Problemen in den mediterranen Frühling, doch schnell fange ich mich wieder, senke den Blick und konzentriere mich auf meine nächste Frage.

„Nimmt aufgrund der deutschen Politik gegenüber Griechenland die Abneigung gegen Deutschland generell zu?"

Tasos lehnt sich zurück und überlegt kurz: „Ich glaube, dass die Meisten noch zwischen der deutschen Politik und den Menschen in Deutschland unterscheiden. Aber aufgrund des Austeritätdiktats gibt es Hass auf Deutschland. Der Druck ist enorm und vielen missfällt die offensichtliche Fremdbestimmung." Er sieht hoch auf die Akropolis, bevor er fortfährt: „In Griechenland fühlt man sich wie ein abschreckendes Beispiel. Man statuiert an uns ein Exempel, um andere Länder durch die harten Konditionen zum Gehorsam zu erziehen.[2] Wenn man sich in die Situation der vielen Familien versetzt, die vor dem Nichts stehen, ist dieser Gedanke nicht einfach."

„Warum beugt man sich dann den Konditionen der Geldgeber?"

„Weil man nicht genau weiß, was passiert, wenn man es nicht tut. Die Konsequenzen eines Staatsbankrotts und eines Ausscheidens aus der Eurozone sind ungewiss. Das macht Angst." Er zuckt mit den Achseln: „Es gibt einfach noch zu viele Menschen, die etwas zu verlieren haben."

Nach dem ersten Bericht über die griechische Sicht der Dinge hat Tasos mich durch saubere Fußgängerzonen in ein kleines Restaurant geführt, wo ich inzwischen vor einem leeren Teller sitze und mich umsehe. Die Tische stehen eng beieinander, die Menschen reden laut und zu meiner Freude größtenteils griechisch. Mein Souvlaki war exzellent, ich hätte gerne ein zweites, vermute aber, dass man mich wieder nicht bezahlen lassen wird und begnüge mich damit, auf den Teller meines Nachbarn zu schielen. Das gute Essen hat Tasos, der gerade seinen Mund mit einer Papierserviette säubert, sichtlich gut getan, auch der Zettel mit seinen Notizen ist verschwunden.

„Weißt du", er lehnt sich zurück und streckt die Beine unter der karierten Tischdecke aus, „Griechenland war nie eine starke Industrienation. Ich bezweifele, dass man diesen Umstand in den nächsten Jahren durch die Senkung des Mindestlohns ins Bodenlose ändern wird." Er nimmt den letzten Schluck von seinem Bier. „Und die sozialen Folgen dieser Politik sind schlicht katastrophal. Ich habe manchmal das Gefühl, die Deutschen", ich horche auf und freue mich, dass es ihm rausgerutscht ist, „haben

---

2 Im Frühjahr 2010 begründete Angela Merkel die harten Sparauflagen gegenüber dem damaligen griechischen Ministerpräsidenten nach dessen Aussage mit den Worten: „Es muss weh tun".

aus ihrer Geschichte nicht viel gelernt. Eine gesellschaftliche Situation wie die jetzige kann sehr gefährlich werden."

Tasos verabschiedet sich, ermahnt mich anzurufen, falls ich etwas bräuchte, lehnt mein Geld für das Essen entschieden ab, und so schlendere ich zufrieden mit meinem ersten Treffen über den Monastiraki-Platz. Ich möchte mich auf den Weg zur Uni machen, als ich links zwei Menschen bemerke, zwischen denen eines dieser großen, hundeartigen Mikrophone steht. Ralph und Inken sind deutsche Journalisten vom WDR und drehen eine Reportage für die Sendung mit der Maus. Ja, der Aufhänger sei die Krise, sie würden eine Woche lang eine griechische Familie begleiten. Ja, sie hätten sich die Verhältnisse in Athen auch schlimmer vorgestellt. Nein, Ralph schaut mich an und lächelt, das Mikrophon habe keinen Namen...

Eff ist 20 Jahre alt, studiert im zweiten Semester Jura, hat feuerrote Haare, eine kaputte Jeans und ein Piercing in der Nase. Wenn man erraten hat, dass das mit Graffitis und Plakaten gepflasterte Gebäude die juristische Fakultät der Universität Athen ist und sich auch noch hineinwagt, trifft man sie in dem großen, niedrigen Eingangsraum. Hinter einem Tisch, an dem vorne zwei Plakate mit der Aufschrift „No future" hängen, sitzt sie und versucht Studenten zu überreden, auf einer Liste zu unterschreiben. Nachdem ich mich an die kleine Gruppe herangetraut habe, stellt sie direkt zu Anfang in holprigem, aber gut zu verstehendem Englisch klar, dass es sich bei „No future" um eine politisch weit links stehende Studentenorganisation handelt. Ich setzte mich auf einen abgewetzten Stuhl neben dem Tisch, und sie beginnt über die ärgsten Probleme wie Armut, Kürzungen im Bereich der Bildung und die Zustände in der Gesundheitsversorgung zu erzählen. Bei diesem letzten Stichwort fällt mir wieder ein, was mir Tasos heute Mittag erzählt hat: Jedem Arzt müsse man, gerade vor großen Operationen, Bargeld geben, um sich eine anständige Behandlung zu sichern. Ich stelle mir kurz das Gesicht eines deutschen Chefarztes vor, dem man einen Umschlag mit Bargeld unter die Nase hält, kehre dann aber zu Eff zurück, die mich aufmerksam ansieht und auf weitere Fragen wartet.

„Hat sich durch die Krise Deine Meinung zur EU verändert?"

„Die politischen Entscheidungen aus Brüssel sind ganz offensichtlich an den Interessen der Finanz- und Großindustrie und nicht an den Bedürfnissen der Menschen orientiert. Ich bin nicht gegen Europa, aber die EU steht nun mal für diese Politik. Die wirtschaftsliberale Orientierung der EU hat mir schon immer missfallen. In der Krise ist nun aber für jeden klar erkennbar geworden, wofür die EU in letzter Konsequenz steht."

„Bist Du für einen Austritts Griechenlands aus der EU?"

„Ja. Wir müssen raus aus diesem System, nur dann können wir wieder eigene Politik für alle Menschen im Land machen. Außerdem...", sie hebt den rot lackierten Finger-

nagel, „wäre man so ein Beispiel für andere Länder. Man muss sich dieser Politik nicht beugen. Es gibt eine Alternative."
„Hat sich Deine Sicht auf Deutschland durch die Krise verändert?"
„Nein!", entschlossen schüttelt sie den Kopf. „Wir sind gegen die Politik Angela Merkels, fühlen uns aber an der Seite aller Arbeiter, auch der Deutschen."
Die Internationale, die in meinem Kopf zu spielen beginnt, wird von den einzigen Worten der Studentin unterbrochen, die sich hinter Eff gesetzt hat. Sie lächelt mich an: „We like you."

Die ersten zwei Tage sind mir mehrfach die roten Plakate mit Hammer und Sichel aufgefallen. Zwar konnte ich 22. April und 19 Uhr entziffern, sonst aber leider nichts. Als ich wieder grübelnd vor dem Plakat stehe, diesmal vor der juristischen Fakultät, frage ich kurzentschlossen einen vorbeieilenden Studenten. Er nennt mir die Metrostation, bei der sich die Versammlung abspielen soll. Megaro Moussikis.
„Ja, KKE ist die griechische kommunistische Partei." Die großen, schwarzen Augen des langen Mädchens lächeln freundlich. Sie trägt ein Bündel Zeitungen auf dem Arm, in ihrem hageren Gesicht hebt sich eine große Nase von dem bleichen Teint ab. Der Park, in den ich nach längerem Fußmarsch gelangt bin, ist voller Menschen, ich klettere ganz oben auf den Hügel, zu dessen Fuß ein älterer Mann vor einem Meer aus roten Fahnen spricht. Der Altersdurchschnitt ist deutlich über vierzig, trotzdem skandieren alle in den Pausen zwischen der Rede inbrünstig ihre Parolen. Wirklich verstehen kann ich nichts, nur einige Wörter wie „Kommunismus" oder „Bertolt Brecht" fallen mir auf, insbesondere das letzte freut mich sehr. Ungefähr eine Stunde höre ich zu und bewundere die große Anzahl griechischer Kommunisten, nach dem langen Tag bin ich aber recht müde und langsam wird mir kalt. Nach einem Blick auf den Stadtplan beschließe ich, die Metro zu nehmen und überlege, schwarz zu fahren. Nach kurzem Nachdenken fällt mir allerdings auf: als Deutscher die griechischen Verkehrsbetriebe um 1,40 Euro zu betrügen ist wohl mit das schäbigste, was man europaweit augenblicklich tun kann. Müde trotte ich in die U-Bahn und ziehe mir eine Fahrkarte.

23. APRIL 2013 – ATHEN

Exarchia[3] hat mir auf Anhieb gut gefallen. Kleine Plattenläden, Bars und Cafés durchziehen die engen Straßen, niedrige, grüne Bäume krallen sich in das Pflaster vor den grauen Häuserzeilen. Immer wieder stoße ich auf kurze Fußgängerzonen, in denen die Menschen im Schatten sitzen und den Tag an sich vorbeiziehen lassen. Mein erstes Stammcafé der Reise liegt am Ende einer solchen Fußgängerzone, 20 bunte Tische stehen davor und als ich die Kellnerin frage, ob sie Zigaretten verkaufen, legt sie mir

---

3   Exarchia ist das Anarchisten-Viertel von Athen.

lächelnd ihren Tabakbeutel aus rotem Cord auf dem Tisch. Angetan von ihren wuscheligen Locken klappe ich den Beutel auf, öffne eine kleine Tasche auf der Suche nach Filtern und schmunzele, als mich ein Stückchen Hasch anlacht. Ich drehe meine Zigarette zu Ende und betrachte rauchend die anderen Gäste. Die Meisten sind jung, tragen Pluderhosen oder Buntes, diskutieren, lesen oder spielen Backgammon, einer der wenigen älteren Herren setzt ruhig die runden Steine aufeinander und nippt an seinem Tee. Ich bedanke mich bei der süßen Kellnerin, die wieder vor mir steht, rauche meine Zigarette zu Ende und lasse den warmen Frühlingstag gemeinsam mit Alexis Sorbas[4] und einem weiteren Bier ausklingen.

24. APRIL 2013 – ATHEN

Schon am nächsten Morgen sitze ich wieder auf meiner Lieblingsterrasse, die Kellnerin ist leider eine andere als gestern, und habe einen dieser herrlichen Eiskaffees vor der Nase, die in Athen Cappuccino Freddo heißen und überall getrunken werden. Der Himmel ist wie jeden Tag strahlend blau und die Temperatur angenehm warm. Ich mache meinen Computer an, um die morgendlichen Nachrichten zu lesen, doch mein Browser zeigt nur eine Nachricht auf Griechisch. Ich klicke auf die kleine englische Fahne: *„You are kindly informed that your landline services provided by Wind have been suspended due to: Non-payment."*

Den zugeklappten Laptop vor mir schaue ich die Fußgängerzone hinunter und beginne zu grübeln, denn die Nachricht auf meinem kleinen Bildschirm bestätigt, was mir im Gegensatz zu meinen ersten Eindrücken von Athen mehr und mehr aufgefallen ist. Die Lage ist schlecht. An jeder Ecke stehen die Männer in den schwarzen Uniformen, noch nie war ich in einer Stadt mit derart massiver Polizeipräsenz. Die allermeisten Cafés sind leer und die wenigen Gäste trinken kein Bier, sondern drei Stunden lang einen Cappuccino. Ununterbrochen wird kostenlos Leitungswasser nachgeschenkt, kein Kellner wagt zu fragen, ob man nach Stunden vor der leeren Tasse noch etwas bestellen möchte. Alle zehn Minuten steht ein Taschentuchverkäufer oder Bettler am Tisch, vor allem alte Leute, die sich auf einen Gehstock gestützt langsam von Terrasse zu Terrasse bewegen. Die Mehrwertsteuer liegt bei inzwischen 23%, bei jedem Kaugummikauf bekommt man sofort eine Quittung in die Hand gedrückt, die Lebensmittel im Supermarkt sind deutlich teurer als in Deutschland, bei den minimalen Gehältern verstehe ich nicht, wie man hier überhaupt überleben kann. Überall schieben Männer mit Gerümpel beladene Einkaufswagen still über die Bürgersteige und wühlen in den grünen Müllcontainern an den Ecken. Plötzlich bemerke ich die junge Frau mit dem Dutt auf dem Kopf und dem schwarzen Kellnerportemonnaie neben mir. Ich begleiche die Rechnung, stelle meinen leeren Kaffee auf den Tisch, starre einen Moment abwe-

---

4 Gemeint ist das Buch „Alexis Sorbas" des griechischen Autors Nikos Kazantzakis.

send auf das gelbe Blech und beschließe dann, mich heute nicht mehr mit der Krise zu beschäftigen.

Ich bin froh am Nachmittag meiner Intuition gefolgt zu sein, als ich es am Ende einer kleinen Seitenstraße Grün schimmern sah. Nach einem halbstündigen Aufstieg durch einen ungepflegten Park stehe ich hoch über der Stadt. Der Ausblick von Agios Georgios muss der schönste auf die riesige griechische Metropole sein. Ein Meer von tausend grauen Würfeln umschließt alles, was nicht als Berg oder kleiner grüner Fleck aus der Masse herausragt. Durch den blauen Dunst hoch über den Stadt schießen vereinzelte Schwalben, am Horizont sieht man bewegungslos große Tanker vor der Küste liegen. Ein leichter Wind geht, zum ersten Mal rieche ich den unvergleichlichen Duft des mediterranen Frühlings und mich erfasst der brennende Wunsch, in dieses graue Meer unter mir einzutauchen, vertraut durch seine Straßen zu schlendern und zufällig getroffene Freunde überschwänglich zu begrüßen. Ich möchte mich monatelang ohne Plan und Pflicht in den Schluchten Athens verlieren, unter grünen Bäumen Rotwein trinken, schwer auf mein Bett sinken und nur von einem dünnen Laken bedeckt schlafen. Ich möchte morgens mit leichtem Kater Eiscappuccino trinken und eine kleine griechische Freundin haben, mit pechschwarzen Haaren und vollen Lippen, die aus Eifersucht schreit und Gläser zerschmeißt. Ich seufze tief und mein Blick wandert über die tausend Seelen hinaus aufs Meer, wo die großen Schiffe ruhig und friedlich in der Sonne schlafen.

25. APRIL 2013 – ATHEN

„You wanna see something terrible? Ok, I'll give you the best." Mit einem grünen Textmarker streicht einer der beiden jungen Männer, die abwechselnd 24-Stunden-Schichten am Empfang meines Hostels schieben, vier Straßen auf meinem Stadtplan an. Anders als in meinem Traum von einem Leben als Athener bieten die markierten Straßen und umliegenden Gebiete, durch die ich heute laufe, ein desaströses Bild. Keine 100 Meter von „Omonia", einem der größten Plätze mitten im Zentrum Athens, zerfallen die Häuser rechts und links, große Gruppen junger Männer stehen beschäftigungslos herum und starren mich an. Man sieht zwar hin und wieder Polizei, allerdings nur in Vierergruppen und, wie in ganz Athen, mit schusssicheren Westen. Vor einem Haus steht eine junge Frau, drei Meter neben ihr ein Mann in Jogginghose, der offensichtlich verhindern will, dass sich jemand umsonst bedient. Ein dritter kommt, nimmt kurz das Kinn der jungen Frau zwischen zwei Finger, runzelt die Stirn und geht weg. Ein anderer nähert sich und ist wohl weniger wählerisch, denn als ich fünf Minuten später die Straße wieder heraufkomme, sind beide verschwunden. Überall stinkt es nach Urin, dreimal sehe ich, wie Koks gezogen wird, einmal direkt vom Bürgersteig. Aus einer Seitenstraße komme ich sofort wieder heraus, als ich in der Mitte der Straße 20 Männer sehe, die sich anschreien. Eigentlich wollte ich versuchen, ein kurzes Gespräch mit jemandem zu führen, mich beschleicht aber das Gefühl, dass gut gemeinte Fragen hier fehl am Platz sind. Auch aus Angst um meinen Laptop im Rucksack sitze ich bald darauf am Omonia-Platz im Schatten. Mit einer Zigarette versuche ich mich zu beruhigen und auf das Thema des restlichen Tages zu konzentrieren: Flüchtlinge, Asylsuchende und Migration in Griechenland.

Abends sitze ich frustriert in meinem Stammcafé und lasse den heutigen Tag Revue passieren. Nachdem ich die Gegend um den Omonia-Platz unbeschadet verlassen konnte, wollte ich zuerst zum Büro des UNHCR[5], um dort einen Termin für ein Gespräch zu bekommen, denn meine Mails bleiben seit Wochen unbeantwortet. Leider zeigt die freundlich ins Internet gestellte Karte einen Ort an, der nicht ansatzweise in der Nähe der tatsächlichen Adresse liegt, weswegen ich zwei Stunden umherirre, um schließlich einzusehen, dass sich das Büro dort schlicht nicht befindet. Auf dieser Irrfahrt fällt mir noch eine Gruppe junger Studenten auf, die einen Kurzfilm drehen. Interessiert angesprochen würdigt man mich nicht mal einer arroganten Antwort, sondern bittet mich desinteressiert und unter dem Hinweis, man habe zu tun, das Weite zu suchen. Anschließend will ich das Büro einer weiteren Flüchtlingsorganisation besuchen, die ebenfalls auf meine Mails nicht geantwortet hat. Auch hier ist allerdings im Internet eine falsche Hausnummer angegeben. Schon deutlich genervt kann ich das Büro schließlich finden. Ein kleiner, weißer Eingangsraum, in dem mehrere Menschen afrikanischen Aussehens Dokumente ausfüllten, lässt mich zunächst hoffen. Ob ich einen Termin hätte? Der Mann am Empfang spricht immerhin Englisch. Nein? Ja, dann sei wohl das Beste, eine E-Mail zu schreiben... Ob ich nicht einfach kurz hoch in das Sekretariat gehen könnte? Erschreckt schaut er mich an und im ganzen Raum wird es plötzlich mucksmäuschenstill. Naja, der Mann bemerkt meine Enttäuschung und lächelt freundlich, wenn es dringend sei könne ich auch anrufen. Er zwinkert mir zu und schiebt einen Zettel mit einer Telefonnummer über den Tisch. Für den Rest des Tages rufe ich dort im Stundentakt an, wie erwartet geht aber niemand ans Telefon. Als letzten Programmpunkt will ich ein Kunstprojekt besuchen, es nennt sich „Beton 7" und ist fast eine Stunde Fußmarsch entfernt. Ich komme dort an, es ist wirklich ein lustiges Zentrum mit einem kleinen Künstlercafé. Der Barkeeper, mit dem ich versuche ins Gespräch zu kommen, versteht aber offensichtlich kein Wort Englisch, ich trinke also frustriert mein Bier und mache mich wieder auf den Weg zurück nach Exarchia. Da sitze ich nun, mit tiefen Falten auf der Stirn, nippe an meinem Getränk und sehe die lachenden, bunten Menschen um mich herum, wie sie sich auf ihren Stühlen herumlümmeln und den warmen Sommerabend genießen.

---

5   UNHCR steht für „United Nations High Commissioner for Refugees", zu Deutsch „Hoher Flüchtlingskommissar der Vereinten Nationen". Es handelt sich um ein Organ der UN, welches sich für den Schutz von Flüchtlingen einsetzt.

26. APRIL 2013 – ATHEN

Meine schlechte Laune, die ich am Vortag erfolglos versucht habe in griechischem Schnaps zu ertränken, hat mir auch heute während meines dürftigen Frühstücks und auf dem Weg zum Syntagma-Platz freundlich Gesellschaft geleistet. Als ich aber in die hellblauen, wachen Augen auf der anderen Seite des Tisches schaue und mich zum ersten Mal die weißen Zähne aus dem große Mund anlachen, verändert sich der lästige Grießgram in ehrliche Freude. Meine bis jetzt beste Interviewpartnerin ist nicht nur unglaublich sympathisch, sondern kann auch Vieles aus ihren letzten 20 Jahren als Journalistin in Athen berichten. Sie ist schon etwas länger über 40, hat trotzdem fast keine Falten in ihrem freundlichen Gesicht, trägt ihre grauen Haare kurz geschnitten und redet wie ein Wasserfall, während sie im Akkord Espresso in sich hineinschüttet. Wir sitzen in dem großen Café direkt vor dem griechischen Parlament, das teuerste Athens, wie sie fröhlich bemerkt, aber nett sei es und so zentral, was zweifelsohne der Fall ist. Angesichts Ihrer langen Erfahrung mit der griechischen Politik habe ich mir einen detaillierten Fragenkatalog zurechtgelegt und obwohl sie in ihrem Redefluss meinen säuberlich gegliederten Gesprächsplan immer wieder durcheinanderwirbelt, lerne ich eine Menge über Griechenland.

„Wie haben sie die Zeit vor dem Beginn der Krise in Griechenland erlebt?"

„Während der Regierungszeit von Kostas Karamanlis[6] war es eigentlich am schlimmsten. Es wurde extrem viel konsumiert, ohne dass ein reales Wirtschaftswachstum als Fundament dafür existierte. Man hatte nichts Neues, keine neue Industrie oder Ähnliches, geschaffen, trotzdem gab es auf einmal eine Menge Leute mit viel Geld. Es hatte etwas Surreales. Man konnte die sich bildende Blase förmlich spüren."

„Warum hat sich beispielsweise keine neue Industrie entwickelt?"

„Der gemeinsame europäische Binnenmarkt schafft zusammen mit dem Euro eine unmittelbare, ungeschützte Konkurrenzsituation. Deswegen hat der Eurobeitritt die wenige griechische Industrie, die es gab, kaputt gemacht. Wie soll die Industrie in Griechenland auch dem direkten Konkurrenzdruck einer beispielsweise deutschen Industrie standhalten?"

„Könnten Sie kurz die sozialen Folgen der Krise skizzieren?"

„Es ist sehr schwierig, die sozialen Auswirkungen der Krise im Detail zu erfassen, vor allem weil an den griechischen Universitäten wenig Sozialforschung existiert. Generell kann man aber allein an den hohen Arbeitslosenzahlen sehen, dass die Situation katastrophal ist. Dazu kommt der radikale Abbau der sozialen Sicherungssysteme. Arbeitslosengeld gibt es für maximal ein Jahr und ist beschränkt auf höchstens 360 Euro im Monat. Eine Hilfe vergleichbar mit dem Arbeitslosengeld II existiert zwar auf

---

6   Griechischer Ministerpräsiden von 2004 bis 2009 und Vorsitzender der Partei „Nea Dimokratia" von 1997 bis 2009.

dem Papier, ist faktisch aber so gut wie nicht zu bekommen. Nach einem Jahr erhält man folglich gar keine Unterstützung mehr. Und am schlimmsten: Mit dem Ende des Arbeitslosengeldes verliert man auch die Krankenversicherung."

„Mir wurde erklärt, dass die Familie viel auffängt."

„Das ist richtig. Allein familiäre Hilfe ist aber natürlich aus verschiedenen Gründen problematisch. Zum einen gibt es ärmere Familie, die nicht auf einmal wieder für ihre beiden Kinder und deren Nachwuchs sorgen können. Zum anderen sind diese privaten Reserven, so sie denn existieren, auch irgendwann aufgebraucht. Was dann passiert, will ich mir nicht vorstellen."

„Wie kommt es, dass unter diesen Umständen die Nea Dimokratia, die viele für die Probleme verantwortlich machen, die letzte Wahl 2012 gewonnen hat?"

„Es gab einen immensen medialen Druck, den griechischen Bürgern wurde schlicht Angst gemacht. Die Message war: Wenn man sich der EU nicht beugt, bricht alles zusammen und versinkt im Chaos. Das ist der Grund für das völlig paradoxe Wahlergebnis im Juni 2012." Sie hebt die Hände und schaut mich aus großen Augen an: „Die Nea Dimokratia, an der Regierung von 2004 bis 2009 und maßgeblich verantwortlich für die augenblickliche Misere, wurde stärkste Kraft. Unglaublich."

„Gibt es denn einen anderen Weg als sich den Bedingungen der Geldgeber zu beugen?"

„Es gibt immer Alternativen. Problematisch ist aber sicherlich, dass die Konsequenzen eines Staatsbankrotts oder eines Austritts aus der Eurozone relativ unberechenbar sind."

„Fühlen sich die Griechen noch als Herr über ihre Politik?"

„Nein. Ich denke die Fremdbestimmung durch die Troika und die stärkeren Euroländer wird deutlich empfunden."

„Welche Folgen hat dies für die Meinung zum Beispiel über Deutschland?"

„Die Stimmung ist nicht generell antideutsch, aber schon sehr negativ, was die deutsche Politik angeht." Sie lehnt sich zurück: „Was hat man erwartet? Die deutsche Regierung erzwingt eine Politik, die gerade den Menschen, die sowieso sehr wenig haben, buchstäblich das letzte Hemd nimmt."

„Sie halten die augenblickliche Europapolitik der deutschen Regierung für falsch?"

„Wenn Deutschland seine augenblickliche Politik fortsetzt, wird es Europa vor die Wand fahren. Seitdem Griechenland Hilfsgelder erbeten hat, sind vier weitere Länder pleite gegangen, fünf der 17 Euroländer mussten inzwischen offiziell ihren Bankrott erklären. Die wirtschaftliche und soziale Situation hat sich in allen betroffenen Ländern seit Beginn der Krise konstant verschlechtert. Man muss kein Genie sein, um zu bemerken, dass hier etwas falsch läuft."[7]

---

7   Im englischen Wikipedia-Artikel zur griechischen Schuldenkrise existiert ein eigener Abschnitt mit der Überschrift „Criticism of Germany's role".

„Die deutsche Öffentlichkeit ist relativ unkritisch gegenüber der deutschen Europapolitik. Wie schätzen Sie in diesem Zusammenhang die Rolle der Medien ein?"
„Ich halte die deutsche Berichterstattung speziell über Griechenland für sehr schlecht. Es existieren drei oder vier Grundaussagen – Pleitegriechen, Korruption, Reformstau, anti-deutsche Ressentiments - die immer wieder in verschiedener Form kommuniziert werden. Ich vermisse eine kritische Auseinandersetzung mit der Rolle der deutschen Industrie, der deutschen Banken und dem Verhalten der Bundesregierung gegenüber Griechenland. Denken Sie, nur als Beispiel, an die zahlreichen Korruptionsaffären deutscher Unternehmen wie Siemens oder Thyssen-Krupp in Griechenland oder an den Besuch von Guido Westerwelle Anfang 2010 in Athen. Da hat der deutsche Außenminister kurz vor dem offiziellen Bankrott des griechischen Staates noch sehr unverblümt auf den Kauf des Eurofighters gedrängt."
Inzwischen habe ich fünf Seiten meines Notizbuches vollgekritzelt, außerdem ist die Anekdote über unseren freundlichen Außenminister das perfekte Schlusswort. Sie verrät mir versehentlich noch das Ende von Alexis Sorbas und dass die mangelnde Aufmerksamkeit der Athener für Fremde genereller Natur ist, akzeptiert schnell, dass ich zahle, empfiehlt eine Fahrt mit „der Elektrischen", der ältesten Metrolinie Athens, und schon stehe ich wieder in der Sonne.

Wie so oft hilft es ungemein, sich mit einer aufgezwungenen Rolle - in meinem Fall der des unbeachteten Außenseiters in Exarchia - nicht nur anzufreunden, sondern sie zum selbsterwählten Prinzip zu befördern. Dieser klugen Einsicht folgend sitze ich erhobenen Hauptes und hochzufrieden mitten auf dem mit Punks und Anarchisten bevölkerten Platia Exarchion, dem zentralen Platz meines Lieblingsstadtteils. Es ist halb elf, ich trinke Wein direkt aus der Flasche, drehe mir eine Zigarette nach der anderen und höre lauten Electro auf meinem iPod. Hunde wuseln umher, Lederhosen, grüne Haare und Dock Martins stehen und sitzen unter dem orangen Licht der wenigen Laternen, es ist voll, lebendig, und wenn ich meine Ohrstöpsel entferne, umgibt mich das laute Stimmengewirr in der warmen Luft. Am Ende der Weinflasche bin ich betrunken, eins mit dem Sorbas in mir und sehr hungrig. Ich gönne mir einen Gyros und finde überraschend problemlos den Weg in mein Bett.

27. APRIL 2013 – ATHEN

Mangelnde Gewöhnung an hohe Dosen Alkohol beschert mir einen furchtbaren Kater. Für Pizza und Eistee schleppe ich mich 50 Meter bis zum Victoria-Platz und verbringe den Tag ansonsten mit dem Laptop in meinem Hochbett.

28. APRIL 2013 – ATHEN

Wieder einigermaßen auf dem Damm sitze ich am Sonntagabend mit einem Sandwich an der vereinsamten Bar im Keller meines Hostels. Der Raum ist klein, mit gekacheltem Fußboden und fensterlos, nur eine Tür führt in einen engen und schmutzigen Hinterhof. Die Bar ist nie besetzt, hinter dem Tresen befindet sich aber die Wi-Fi Station und so flimmern die wichtigsten Neuigkeiten problemlos über meinen Laptop. Das griechische Parlament hat ein weiteres Sparpaket beschlossen, im Eilverfahren, Kernpunkte sind die Entlassung von 15.000 Beamten und die Absenkung des Mindestlohns für unter 25-jährige. Schnell musste es gehen, denn die freundlichen europäischen Geldgeber warten nicht und dieses nun sechste Sparpaket ist «absolut notwendig» und Voraussetzung für weitere Hilfen, so lässt der griechische Finanzminister wissen. Die Opposition verurteilt die Eile, mit der das Gesetz durch das Parlament gepresst wurde, und sieht in Griechenland keine Demokratie mehr, sondern eine Diktatur der Troika. Interessiert versuche ich auf den anderen großen deutschen Nachrichtenportalen Genaueres zu erfahren. Die kritische deutsche Internetpresse hat dem Thema auch besondere Aufmerksamkeit geschenkt. Tagesschau.de, Sueddeutsche.de und Faz.de haben alle den bis aufs Wort identischen Nachrichtentext. Auf Taz.de findet sich gar kein Beitrag. Bei Foxnews.com werde ich fündig: das Gesetz hat 110 Seiten. Beratungszeit in Ausschuss und Plenum: jeweils ein Tag.

29. APRIL 2013 – ATHEN

Wider Erwarten hat die Nummer, die mir in dem weißen Empfangsraum zugesteckt wurde, doch noch zum Erfolg geführt. Mal wieder sitze ich am Exarchia-Platz, diesmal in einem der wenigen ordentlichen Cafés mit weißen Sonnenschirmen und beigen Regiestühlen, und habe meinen Bleistift in der Hand. Die NGO, deren Mitarbeiterin gerade in ihrem kalten Orangensaft rührt, ist primär im Bereich Flüchtlingshilfe und Asylpolitik tätig, was sich aufgrund der augenblicklichen Situation in Griechenland allerdings äußerst schwierig gestaltet. Wegen Finanzierungsproblemen mussten vor kurzem fast die Hälfte der Mitarbeiter entlassen sowie eine Zweigstelle geschlossen werden. Die Tür, an die ich vor vier Tagen geklopft habe, gehört einem der verbleibenden Büros, die kostenlose Rechtsberatung und Unterstützung durch ihren sozialen Hilfsdienst anbieten. All das erfahre ich von Parthena (Anm.: Der Name wurde auf Wunsch geändert), die inzwischen von ihrem Getränk abgelassen hat und mich aus hellblauen, melancholischen Augen ansieht. Sie hat helle Haare, bleiche Haut und obwohl sie mit einem leicht klagenden Ton in der Stimme spricht, ist sie mir sympathisch und macht einen sehr kompetenten Eindruck. In einem Nebensatz lässt sie mich wissen, dass sie an der Sorbonne in Paris studiert hat, und beantwortet jede meiner Fragen ausgiebig. „Was sind die zentralen Probleme, mit denen sich ein Flüchtling in Athen konfrontiert sieht?"

„Für Flüchtlinge existiert zunächst keine staatliche Unterstützung wie Unterbringung oder Versorgung mit Nahrungsmitteln. Die Menschen sitzen ohne jede Hilfe auf der Straße. Darüber hinaus ist es extrem schwierig, überhaupt Asyl zu erhalten. Man kann ein Asylgesuch nur einmal pro Woche stellen, nämlich Samstagsmorgens bei einer Polizeistation, und nur die ersten 20 Anträge werden angenommen. Der Rest muss nächste Woche wiederkommen. Ich empfehle Ihnen einen Besuch in der Straße „Petrou Ralli", Freitag so ab 23:00 Uhr, da können Sie hunderte von Asylbewerbern sehen, die seit Tagen anstehen, um unter den ersten 20 zu sein. Es hat sich inzwischen sogar ein Art mafiöses Business um den Verkauf der ersten Plätze entwickelt."

„Habe ich richtig verstanden, dass man einen Antrag auf Asyl bei der Polizei stellen muss?"

„Ja, das ist ein weiteres Problem. Die Polizei ist in der ersten Instanz zuständig für die Entscheidung, ob Asyl gewährt wird. Daraus resultiert die extrem geringe Anzahl positiv beschiedener Anträge. Noch 2007 wurden in der ersten Instanz von 20.692 Asylanträgen nur acht positiv beschieden, das sind 0,04%. Durch die mediale Aufmerksamkeit hat sich die Situation zwar leicht verbessert, 2012 lag die Anerkennungsrate in der ersten Instanz aber immer noch unter 1%."

„Ist Besserung in Sicht?"

„Griechenland reformiert augenblicklich sein Asylsystem. Die Entscheidungen in zweiter Instanz fallen inzwischen deutlich öfter positiv aus, auch wenn die Verfahren sehr lange dauern. Darüber hinaus soll auch die erste Entscheidung von der Polizei wegverlagert werden. Generell gibt es Verbesserungen, aber auch noch sehr viel zu tun."

„Fühlen Sie sich von den EU-Mitgliedstaaten mit dem Flüchtlingsproblem allein gelassen?"

„Wenn Sie mich persönlich fragen: ja. Meiner Ansicht nach sollte Griechenland in diesem Bereich deutlich mehr Druck ausüben. Denken Sie an Italien, das einfach allen Flüchtlingen Schengen-Visa ausgestellt hat."

„Die ausländischen Medien berichten viel über Gewalt gegen Migranten und Fremdenfeindlichkeit in Griechenland, vor allem im Zusammenhang mit ‚Golden Dawn'[8]."

„Gewalt gegen Migranten ist vor allem in Athen ein großes Problem. Gerade Golden Dawn hetzt massiv gegen Einwanderer und hat leider im Augenblick starken Zulauf."

„Wie kommt das?"

„Golden Dawn hat von der Krise ungemein profitiert, einerseits weil sie mit Ihrem Rassismus eine einfache Antwort auf alle Fragen bieten, andererseits aber auch, weil sie die alltäglichen Probleme der Menschen geschickt nutzen und schnelle Hilfe leisten.

---

8   „Golden Dawn" (auf Griechisch „Chrysi Avgi") heißt auf Deutsch „Goldene Morgendämmerung" und ist eine rechtsextreme, griechische Partei. Sie erhielt bei den letzten Wahlen im Juni 2012 6,9% der Stimmen und damit 18 Sitze im griechischen Parlament.

Sie begleiten alte Frauen zum Geldautomaten, verteilen Lebensmittel oder richten Kindertagesstätten für „echte" griechische Kinder ein. Die neuste Idee sind „Räumungsaktionen": Wenn ein Vermieter eine Migrantenfamilie in seiner Wohnung nicht mehr haben will, schmeißt Golden Dawn sie raus, putzt, streicht und übergibt dem Vermieter die saubere und renovierte Wohnung. Gerade in schwierigen Zeiten bringen solche Aktivitäten viel Zulauf."

Aus Parthenas Stofftasche erscheint ein grüner Tabakbeutel. Nachdem auch ich meinen Tabak auf den Tisch gelegt habe, drehen wir uns eine Zigarette und rauchen im Schatten des großen Sonnenschirms, während ich weiter meine Fragen stelle.

„Wird Ihre Arbeit durch Golden Dawn beeinträchtigt?"

„Ja. Wir hatten eine Zeit lang ein geringes Budge für Hilfsgelder, die wir direkt an Flüchtlinge ausgezahlt haben. Dadurch bildeten sich vor unserem Büro teilweise lange Schlangen. Eines Tages stand eine Truppe von Golden Dawn vor der Tür und hat begonnen, auf die Wartenden einzuschlagen. Gott sei Dank sitzen wir in Exarchia, eine Gruppe von Autonomen kam uns zu Hilfe. Seitdem ist Ruhe. Das ist übrigens auch ein Grund, warum wir in Exarchia unser Büro haben. Hier werden wir beschützt."

„Wurden Sie schon einmal persönlich bedroht?"

„Auch das. Über einen längeren Zeitraum hinweg bekamen wir Drohanrufe und an den Straßenecken um das Büro herum standen den ganzen Tag Männer in schwarzer Kleidung. In dieser Zeit wurde ich bei meinem Weg zur Arbeit von einem Mann in schwarz verfolgt. Sehr unangenehm. Auch diese Einschüchterungsversuche haben aber durch die Hilfe der Autonomen aufgehört."

„Haben Sie sich nie an die Polizei gewandt?"

„Es bestehen leider enge Verbindungen zwischen Golden Dawn und der Polizei. Ein Beispiel, das die Arbeit der griechischen Polizei auf diesem Gebiet gut illustriert, ist eine letztes Jahr eingerichtet Task Force. Von ihr wurden eine Zeit lang Menschen ausländischen Aussehens grundlos verhaftet und eine Zeit in Gewahrsam genommen. Die Operation nannte man „Xenios Zeus". Nach dem griechischen Gott der Gastfreundschaft."

Sie lehnt sich nach vorne und saugt an dem grünen Strohhalm ihres Orangensaftes. Ich schreibe „Xenios Zeus" in mein Büchlein, blättere zurück, um noch verbleibende Fragen zu finden, die wesentlichen Punkte zur Situation von Flüchtlingen habe ich aber abgearbeitet.

„Könnte ich Ihnen noch einige Fragen zur generellen Situation in Griechenland stellen?" Sie nickt: „Natürlich."

„Inwieweit lassen sich Ressentiments gegen Deutsche in Griechenland feststellen?"

„Nun, Slogans gegen Deutschland und die EU sind alltäglich. Ich denke", sie lehnt sich zurück, blickt zur Seite und verschränkt die Arme, „man hat es einfach satt, immer nur Befehle zu befolgen. Eine gewisse Ablehnung ist doch nachvollziehbar, wenn man

sieht, wie sich die deutsche Politik gegenüber Griechenland verhält. Ich habe selber erlebte, wie Touristen aus einem Restaurant geschmissen wurden, weil sie Deutsche waren. Das zeigt: die respektlose Politik aus Deutschland kann ein starke Abneigung gegen die Deutschen generell bewirken. Auch wenn das natürlich nicht richtig ist."
„Wird Griechenland im Ausland zu negativ dargestellt?"
„Soweit ich es von hier erfasse schon. Selbstverständlich gibt es Dinge, an denen man arbeiten muss. Aber es existiert auch viel Positives, zum Beispiel was gesellschaftliche Solidarität angeht. Nach den Schüssen auf die Erdbeerpflücker in Manolada[9] gab es heftige Reaktion in ganz Griechenland. Viele Menschen und sogar ganze Supermärkte haben begonnen, die Erdbeeren aus diesem Gebiet zu boykottieren. Es gibt Rentner, die kleine Suppenküchen für Migranten unterhalten, Nachbarschaftprojekte, eine starke linke Szene, die sich gegen den wachsenden Rechtsextremismus wehrt und vieles mehr. Ich habe das Gefühl, über diese Dinge wird selten berichtet."
Mir gefällt ihr etwas militanter Stolz, ich merke aber, dass sie langsam genug hat. Als wir uns schon verabschiedet haben, fällt mir noch etwas ein und ich laufe ihr ein paar Schritte hinterher.
„Entschuldigen Sie. Können Sie mir sagen, wo ich die Parteizentrale von Golden Dawn finden kann?"
Sie stutzt kurz: „Ja, die ist in der Nähe der Metrostation Katehaki. Gehen Sie dort die große Straße entlang, dann sehen Sie rechts die Fahnen. Sollten Sie wirklich dorthin gehen, sagen sie auf keinen Fall, dass Sie Deutscher sind. Wegen der augenblicklichen Beziehungen zwischen unseren Ländern sind Deutsche dort nicht sehr beliebt."
„Vielen Dank. Ich werde es mir merken."
„Und machen Sie sich keine Hoffnungen. Reden werden die mit Ihnen bestimmt nicht."

30. APRIL 2013 – ATHEN
Vor ein paar Tagen konnte ich einen Termin bei dem wichtigen Vertreter meines Heimatlandes ergattern, vor dessen Bürotür ich nun stehe. In Gedanken starre ich auf ein ungewöhnliches Bild an seiner Tür, als plötzlich die Sekretärin aus dem Vorzimmer schaut und ich eingelassen werde. Mein Gesprächspartner verabschiedet gerade den letzten Gast und sagt lustigerweise, nein, dafür sei er nicht zuständig, man habe Griechenland in Zonen aufgeteilt. Begeistert notiere ich diesen Ausspruch und schüttele dann eine schwitzige Hand. Der Mann ist korpulent, sein Anzug wirkt zu eng und seine Schuhe sind etwas klobig, dafür hat sein geräumiges Büro einen schönen Blick

---

9   Manolada ist ein Ort auf der Peloponnes. Am 17. April 2013 eröffneten dort drei griechische Vorarbeiter einer Erdbeerfarm das Feuer auf Gastarbeiter aus Bangladesch und verletzten 30 Menschen zum Teil schwer. Die Arbeiter waren seit Monaten nicht bezahlt worden und hatten ihren Lohn gefordert.

auf die Hügel, die Athen umgeben, und auch seine Meinungen haben es in sich. Das Gespräch zieht sich über eine Stunde hin und beginnt mit dem deutschen Mainstream über notwendige Liberalisierungen der „verkrusteten" Wirtschaftsstrukturen, die „wir" erwarten. Wie so oft hilft hierbei ein Beispiel aus dem Familienleben - der Schulbus kostet pro Kind 3000 Euro im Jahr, ein eigenes Busunternehmen aufzumachen ist wegen des komplizierten Genehmigungsverfahrens unmöglich - ich nicke und finde bestätigt, dass nur ganz bestimmte Menschen es nötig haben, sich solcher vorgeschobenen Sentimentalitäten zu bedienen. Ansonsten erzählt er mir, der ich meine tiefe Erschütterung hinter einem energisch geführten Bleistift verberge, Folgendes:

Zum Thema nationale Politik: „Nein, die augenblickliche Politik ist nicht alternativlos. Ja, es trifft halt die Kleinen, weil die griechische Seite einfach", er führt mit seinem dicken Händchen eine kreisende Bewegung aus, „zu fantasielos bei der Suche nach Geldquellen ist."

Zum Thema Fremdbestimmung: „In Athen liest die Troika alles als erstes. Außerdem haben auch der Bundestag und die Bundesregierung jedes Papier längst gesehen, bevor es der griechische Abgeordnete zum ersten Mal zu Gesicht bekommt."

Damit zusammenhängend, die sehr interessanten Erwägungen zum Thema Demokratie: „Nun, die augenblicklichen Entscheidungen sind sicherlich weniger demokratisch legitimiert als wünschenswert. Aber insgesamt muss die Rolle der nationalen Parlamente überdacht werden. Eine so breite Beteiligungsdemokratie kann man sich schlicht nicht mehr leisten. Die großen, allgemeinen Entscheidungsdemokratien verschwenden zu viel Zeit. Will man den Euro, muss man die Entscheidungsmechanismen anpassen."

Am Ende noch einmal ganz deutlich, um das ganze abzurunden: „Ob der griechische Abgeordnete", er spricht die Bezeichnung aus, als handele es sich um ein seltenes Tier, „das nun liest bevor er abstimmt...Wissen Sie..." er zieht die Schulter hoch und schaut an die Decke.

Leicht verstört klappe ich mein Notizbuch zu und werfe einen Blick auf die von der Sonne beschienenen Hügel in der Ferne. Mein Gegenüber wettert noch ein wenig über die Korruptionsvorwürfe an Griechenland, da es ja schließlich auch in Deutschland Korruption gebe - ein Knochen, den er wohl üblicherweise griechischen Vertretern in Gesprächen hinwirft. Um die Erfahrung reicher, dass Antidemokraten inzwischen salonfähig sind, verlasse ich das Büro. Draußen ziehen die staubige Straße und der hupende Verkehr unbemerkt an mir vorbei, ungläubig schüttele ich immer wieder den Kopf, während ich zurück zum Hostel laufe.

Nur eine halbe Stunde später habe ich zwei Sesamkringel gegessen, mich einigermaßen beruhigt und stehe in meinem Schlafsaal. Ich tausche das Polohemd gegen ein schwarzes Muskelshirt, schnüre meine Turnschuhe und setzte meine kleine Sonnenbrille auf. Die kurze Hose, die ich trage, ist ebenfalls schwarz.
Ich habe etwas Herzklopfen, als ich die Klingel am Hauptquartier von Golden Dawn betätige. Die Zentrale der mächtigsten rechtsextremen Bewegung Europas befindet sich in einem hässlichen fünfstöckigen Gebäude, an dem zwei riesige Griechenlandflaggen und eine Fahne mit dem verdrehten Hakenkreuz wehen. Vor dem Eingang lässt der schmale Bürgersteig gerade genug Platz für einen vollverspiegelten Glaswürfel, der mir schon gestern, als ich auf einer ersten Erkundungstour die breite Straße entlanggewanderte, als äußerst unheimlich aufgefallen ist. Man sieht kaum Menschen in der heißen Mittagssonne, nur hinter mir steht Byran, ein Kanadier, der im gleichen Schlafsaal nächtigt und mich unbedingt bei meinem Besuch begleiten wollte. Die Tür ist auffallend geschmacklos goldumrandet und das nachgemachte Hakenkreuz thront in Lorbeerblättern über unseren Köpfen. Im vierten Stock gibt es einen einzelnen, breiten Balkon, auf dem schon von weitem ein schwarz gekleideter Mann mit Sonnenbrille zu erkennen war. Sofort nachdem der Klingelknopf sein elektronisches „dedede" von sich gegeben hat, öffnen sich der Glaskasten und die Tür gleichzeitig. Aus dem verspiegelten Würfel schaut mich ein junger, gutaussehender Polizist Mitte 20, aus der Tür ein etwas älterer Mann in schwarzem Golden-Dawn-T-Shirt an.
„Hi! Wir sind Touristen hier in Athen und würden gerne etwas über die Bewegung lernen." Byran hat mich noch auf dem Weg darauf hingewiesen, wie extrem unglaubwürdig diese Einführung klingt.
„Woher kommt ihr?" Der Kerl, der in dem goldenen Rahmen steht, ist mittelgroß, hat einen Dreitagebart und irgendeine Art von Hautverwachsung auf der linken Backe. Er klingt nicht unfreundlich.
„Belgien."
„Ich komme aus Kanada." Byran versucht hinter seiner Sonnenbrille ruhig zu klingen.
„Hier arbeiten nur die Angestellten der Partei. Wartet." Er lässt die Tür offen und geht an einen kleinen Empfangstresen, der ungefähr zwei Meter hinter der Tür an der Wand steht. Ich luge hinein und sehe ein schmales, sauberes Treppenhaus. An dem Tresen stehen zwei weitere Männer in schwarzen Shirts und eine junge Frau mit langen, schwarzen Haaren. Die drei Männer diskutieren und nach einer Weile kommt einer mit blondem Bart, kurzen Haaren und stahlblauen Augen an die Tür. Er klopft mir mit seinem muskulösen Arm freundlich auf die Schulter.
„Hi. Hier ist leider niemand, mit dem ihr reden könnt." Der junge Mann ist wirklich sehr sympathisch und sein Englisch halbwegs verständlich. „Einen Augenblick, ich sage Euch, wo ihr hingehen könnt." Er begibt sich zurück zu den anderen beiden schwarzen T-Shirts und die drei beginnen, auf dem Bildschirm am Empfang etwas nachzuschauen.

Inzwischen plaudert Byran hinter mir mit dem Polizisten, der vor drei Jahren in Kanada Urlaub gemacht hat und von Wäldern und Seen erzählt. Ich warte, die Hände in den Hosentaschen an den goldenen Türrahmen gelehnt, und werfe einen Blick durch die Tür ins Innere, wo es ebenfalls munter zugeht. Das bleiche Mädchen unterhält sich angeregt mit einem ihrer Gesinnungsgenossen, ein vierter Mann in gelbem T-Shirt ist hinzugekommen und wechselt lachend ein paar Worte mit einem der freundlichen Schwarzhemden, das ihn spaßhaft durch das T-Shirt in die Brustwarze kneift. Schließlich kommt der jüngere, blonde Mann wieder nach vorne.

„Fahrt mit der Metro zur Station Larissa. Da ist eine Mitgliederversammlung. Ab 19:00 Uhr." Der freundliche Polizist aus dem Würfel weiß noch genauer Bescheid: „Wenn ihr aus der U-Bahn herauskommt, geht links ein Stück die Straße hinunter, dann seht ihr schon die Fahnen."

Wir finden das Gebäude ohne Probleme, schon von weitem sieht man die beiden gewaltigen Nationalflaggen. Als wir auf die Tür zugehen, fühle ich mich sehr viel unwohler als noch vor wenigen Stunden beim Betätigen der Klingel. Die Gegend ist deutlich ärmer, geschlossene Geschäfte und kaputte Fassaden bestimmen das Bild, das sich uns in der Gegend um den Bahnhof „Larissa" bietet. Auch hier sehe ich wenig Menschen auf der Straße, die Sonne verschwindet langsam hinter den Dächern und ich merke, dass Byran ebenfalls unruhig wird. Vor dem Eingang des hohen, grauen Gebäudes stehen vier in Schwarz gekleidete Männer, zwei haben einen Knopf im Ohr, und kontrollieren die eintretenden Mitglieder. Ich versuche das Grummeln in der Magengegend zu ignorieren, während wir auf die Gruppe zugehen.

„Hallo. Wir sind Touristen in Athen und würden gerne etwas über die Bewegung erfahren. Wir waren heute Mittag bei der Zentrale in Katehaki, wo man uns hierhin geschickt hat."

„Woher kommt ihr?" Der dickliche Mann mit Vollbart, der ganz vorne steht, schaut uns verwundert an. Zwei der drei anderen bauen sich links und rechts neben ihm auf, ihre Brustmuskeln zeichnen sich deutlich unter dem schwarzen Stoff ab.

„Belgien", sage ich und zeige dann auf Byran.

„Kanada" kommt er mir zuvor.

„Habt Ihr einen Ausweis?"

Ich zücke mein kleines Lederportemonnaie. Die belgischen Behörden stellen jeder in Belgien gemeldeten Person eine Karte aus, die einem Personalausweis äußerst ähnlich ist. Ich reiche sie dem Mann, der nur einen kurzen Blick darauf wirft.

„Ok." Er schaut meinen kanadischen Begleiter an, der hinter mir steht und trotz des abnehmenden Lichts immer noch die Sonnenbrille auf hat: „Du?"

„Ich habe nichts dabei." Mit seinen großen Händen klopft sich Byran auf die Hosentaschen und schüttelt den Kopf.

„Dann kommst Du nicht rein. Mitglieds- oder Personalausweis. Keine Ausnahmen." Er wendet sich wieder an mich: „Warte hier."
Allein mit Byran, der sich nun entspannt an das Geländer vor dem Eingang lehnt, und den drei anderen stehe ich auf dem Bürgersteig und bemühe mich, keinen Muskel in meinem Gesicht zu bewegen. Der Kleinste von den vier Sicherheitskräften, ein unrasierter Mann mit abstehenden Ohren und einer schwarzen Käppi, kommt einen Schritt auf mich zu. Verächtlich zieht er die Nase kraus und entblößt eine kleine Reihe schiefer Zähne.
„You Journalist?"
„No." Ich schüttele den Kopf und schaue fest in die dunklen Gläser seiner Sonnenbrille. Einer der beiden anderen sagt ein paar ruhige Worte auf Griechisch zu ihm, er tritt einen Schritt zurück, sieht mich aber weiter misstrauisch an. Zwei Minuten später steht der untersetze Mann wieder vor mir.
„Du kannst rein kommen. Du", er sieht Byran an, „musst hier warten." Ich folge ihm durch die offene Tür und betrete einen schmalen, kargen Flur. Einige Meter hinter dem Eingang steht ein Tisch, an dem ein junger Mann vor einer Liste sitzt.
„Gib ihm Deine ID." Mein Begleiter zeigt auf die Person im schwarzen Golden-Dawn-Hemd.
Verstört hole ich meine kleine Plastikkarte aus der Tasche, die ich noch vor wenigen Minuten erleichtert dort hatte verschwinden lassen. Der Mann studiert sie aufmerksam und mit jeder Sekunde, die verstreicht, werde ich nervöser. Vorne auf der Karte ist klar vermerkt, dass es sich nicht um einen Personalausweis handelt und hinten steht in großen schwarzen Buchstaben meine Staatsangehörigkeit auf dem grünen Kunststoff. Es scheint nur eine Frage der Zeit zu sein, bis er die Karte umdreht, und ich bekomme ernstlich Angst. Unauffällig werfe ich einen Blick über die Schulter und sehe den Ausgang von drei breiten Rücken versperrt. Ich schaue wieder über den Tisch, wo der Mann den Kugelschreiber in der Luft hält und unschlüssig zögert. Doch dann klärt sich sein Blick, er nickt zufrieden, zeigt auf die Identifikationsnummer der Karte und beginnt zu schreiben. Ich unterdrücke einen befreiten Seufzer, die Karte verschwindet wieder in meinem Portemonnaie, und ich folge dem Mann mit dem Vollbart. Beim Vorbeigehen fällt mein Blick auf die Liste und in meine Erleichterung mischt sich ein leichtes Unwohlsein. Fein säuberlich steht dort: Christopher Hörster, 30. Mai 2013, Ausweisnummer B 468736629.
Durch ein enges Treppenhaus führt man mich in den zweiten Stock. Der Raum, den ich betrete, ist kahl und fast leer, zwei Glasvitrinen stehen in der Mitte, am hinteren Ende des Raums befindet sich ein kleiner Tresen. Rechts von der Tür stehen zwei Tische, hinter einem sitzt ein Mann in ungefähr meinem Alter, er hat einige Pickel im Gesicht und blonde, kurze Haare. Mein Begleiter sagt etwas zu ihm und zeigt auf mich. Er sieht von seinen Papieren auf und ich bemerke seine ungewöhnlich wässrigen, blauen Augen.

„Warte bitte ein paar Minuten, ich bin gleich fertig." Ihm gegenüber sitzt ein junger Mann Anfang 20, der eingeschüchtert wirkt und leise Antworten gibt, die sein Gegenüber in ein Formular einträgt. Erst setze ich mich auf einen Stuhl neben die beiden, doch nach einer Weile verliere ich meine Scheu und beginne, ein wenig im Raum umherzuschlendern. Der Boden ist weiß gekachelt, aus zwei Lautsprechern am Tresen tönt Marschmusik, rechts sehe ich einen breiten Balkon mit einer Markise, unter der eine junge Frau sitzt und eine Zigarette raucht. Immer wieder laufen Männer in ordentlichen Hemden, Frauen mit Dauerwelle, Rentner oder jüngere Mitglieder durch den Raum. Ich stehe vor den Vitrinen und betrachte Bücher zu Militärtechnik und Kaffeetassen mit dem Partei-Logo, als mich die Stimme meines nächsten Gesprächspartners aus der anderen Ecke des Raums zu sich ruft.

Dem jungen Mann, vor dem ich Platz nehme, sprießen vereinzelt Barthaare aus der unreinen Haut. Er beginnt einen Monolog auf überraschend gutem Englisch. Während er redet schaut er ununterbrochen nach links oben, was bei mir den Eindruck erweckt, dass er diese Art Gespräch nicht zum ersten Mal führt. Aufgrund meiner Tarnung als interessierter Tourist schlummert das Notizbuch in meinem Hochbett, ich schaue daher konzentriert in das junge Gesicht und versuche mir alles genau zu merken.

„Golden Dawn begann in den 80er Jahren als Zeitung und wurde erst in den 90er Jahren eine politische Partei, wobei wir immer sehr kritisch waren. Schon 2006 haben wir beispielsweise vor der sich anbahnenden Krise gewarnt. Wir wollten den Menschen die Augen öffnen. Viele haben dann seit dem Ausbruch der Krise gemerkt, dass wir Recht hatten. Deswegen haben wir so viele neue Mitglieder bekommen und sind augenblicklich sehr erfolgreich." Er lässt die Augen nach oben gerichtet und fährt fort: „Dich interessiert bestimmt unsere Meinung zum Nationalsozialismus. Das Problem in Griechenland ist: Die Meisten denken bei den Nazis vor allem an die deutschen Besatzung im zweiten Weltkrieg. Der Begriff ist wegen der schlechten Erfahrungen sehr negativ besetzt. Deswegen berufen wir uns in der Öffentlichkeit nicht direkt auf den Nationalsozialismus."

Während er spricht fällt mein Blick auf die Papiere vor ihm und mir fällt auf, dass er wahrscheinlich für die Aufnahme neuer Mitglieder zuständig ist. Der Gedanke, mich inmitten von 20 Schwarzhemden aus einer Mitgliedschaft bei Golden Dawn herausreden zu müssen, beschleunigt meinen Puls erheblich. Da er aber an die Decke schaut, fällt es ihm nicht auf und er redet weiter:

„Wir haben aber kein Problem damit, als Faschisten bezeichnet zu werden. Die meisten Migranten, ob legal oder illegale ist im Grunde gleichgültig, sind nach dem Krieg auf dem Balkan nach Griechenland gekommen. Sie sind größtenteils Kriegsverbrecher, die vor der Strafverfolgung fliehen. Deswegen haben wir in Griechenland immer so große Probleme mit kriminellen Migranten. "

Zum ersten Mal senkt er den Kopf, sein kalter Blick trifft mich und ich erschrecke.

„Was willst Du noch wissen?" Er verzieht keine Miene.

„Ähm", ich räuspere mich nervös um etwas Zeit zu gewinnen, „man liest in den ausländischen Medien viel Negatives, aber auch viel Gutes. Zum Beispiel, dass Ihr Euch sozial engagiert." Ich habe die Frage noch nicht ganz ausgesprochen, da bereue ich sie schon. Ich hatte mir fest vorgenommen, jegliche Bewertung zu vermeiden.

„Wir versuchen immer unseren patriotischen Brüdern zu helfen." Gott sei Dank geht er nicht weiter auf die negative Presse ein. „Dafür haben wir viele Projekte. Wir sind aber auch sonst eine soziale Partei. Die Parlamentarier geben zum Beispiel ihr gesamtes Gehalt an Golden Dawn, um der Partei zu helfen."

Hinter mir ertönt eine laute Stimme und er hebt den Kopf.

„Wir haben jetzt ein Meeting. Nur für Mitglieder." Er steht auf, verabschiedet sich kurz und schließt sich dem Strom dunkel angezogenen Menschen an, der in einer Tür am anderen Ende des Raumes verschwindet. Alleine gehe ich die Treppe nach unten und trete erleichtert auf den Bürgersteig, wo Byran noch immer mit der Sonnenbrille im Gesicht am Geländer lehnt.

Nach der erfolgreichen Undercover-Aktion sitze ich im dunklen Innenhof meines Hostels. Nur drei Kerzen auf den Tisch beleuchten unsere kleine Gruppe, ich trinke zufrieden mein Glas Wein und bin ein wenig stolz auf meinen Besuch bei Golden Dawn, was ich aber nicht zu zeigen versuche. Pünktlich um eins schwanke ich leicht betrunken in mein Hochbett und schlummere mit einem Lächeln auf den Lippen ein. Ich hätte Lust den Rest meiner Flasche Wein zu leeren, erlaube es mir aber nicht. Morgen ist der 1.Mai.

1. MAI 2013 – ATHEN

Unter einem blauen Himmel mache ich mich ausgeschlafen auf den Weg ins Zentrum, die Demos beginnen um elf Uhr und ich will nicht zu spät kommen. Auf der langen Straße in die Innenstadt steht schon an jeder Ecke eine Einheit der Polizei in Kampfmontur, je näher ich dem Zentrum komme desto mehr haben kleine Feuerlöscher mit Reizgas vor die Brust geschnallt, einige tragen sogar Gaskanonen. Alle scheinen mir außerdem gleich auszusehen: Es sind fast ausschließlich Männer zwischen 25 und 35, weiß, groß und mit markanten Gesichtszügen. Um viertel nach elf stehe ich schließlich auf dem Platz, wo sich die Demonstranten treffen sollen, und bin überrascht. Er ist fast völlig leer. Keine Sprechchöre, keine Fahnen, keine wütende Menge, nur einige vereinzelte Grüppchen stehen um ein großes Plakat herum, ansonsten herrscht alltäglicher Stadtbetrieb. Die Geschäfte sind geöffnet, da der Feiertag kurzerhand auf den 7. Mai verlegt wurde, und so schlendern zwischen den wenigen Demonstranten jungen Frauen umher, die frozen Joghurt löffeln und Zara-Tüten neben sich tragen.

Nach einer viertel Stunde beginne ich zu zweifeln, ob dies wirklich die große Kampfansage an die Sparpolitik ist und frage einen jungen Mann an einem Stand. Ja, er nickt, dies sei eine der drei großen Veranstaltungen zum 1. Mai. Aber wegen der Verlegung

des Feiertages müssten viele arbeiten. Außerdem habe die Polizei die Metrostationen im Umkreis geschlossen. Ich stecke 50 Cent in seine Sammelbüchse und entschuldige mich, dass es so wenig ist: „No problem!", er lächelt. „We are all poor now."
Etwas später sitze ich am Rande des großen Platzes und bringe einige Stichwort zu Papier, als ich einen Mann bemerke, der mit einer großen Kamera Fotos schießt. Er stellt sich als Journalist heraus, der bereitwillig Auskunft gibt, während er mich durch eine dunkle Sonnenbrille ansieht. Noch heute vor genau einem Jahr, er zeigt auf den Boden, hätten hier 600.000 Menschen gestanden. Die Proteste in den letzten Jahren seien extrem gewalttätig gewesen, die aggressiven Sonderstaffeln der griechischen Polizei hätten ihr Übriges getan. Mit dem Zeigefinger deutet er auf die rechte Seite der breiten Straße und erst jetzt sehe ich, dass hinter einem langen Baugerüst eine ganze Häuserreihe ausgebrannt ist. Aber heute - er schüttelt den Kopf: „Die Menschen sind müde von dem jahrelangen Widerstand. Armut treibt nicht nur auf die Straße, sondern isoliert auch. Im Augenblick bleiben die Leute zu Haue. Wie paralysiert." Er schweigt und sieht die Straße hinunter. Ich will schon meine Hand heben um mich zu verabschieden, da sagt er noch: „Manchmal habe ich das Gefühl, Griechenland ist ein Experiment. Wir haben eine Geschichte des Protests. Deswegen probiert man hier, wie weit man gehen kann. Um es dann mit dem Rest von Europa genauso zu machen."
Die wenigen Demonstranten setzen sich schließlich in Richtung Parlament in Bewegung, aber ich beschließe, nach Hause zu gehen. Da mich mein schlechtes Gewissen plagt, weil viele Notizen darauf warten, in meinen Laptop getippt zu werden, möchte ich den Rest des Tags zum Arbeiten nutzen, auf meinem Rückweg sehe ich aber links in einer Parallelstraße einen weiteren Menschenzug. Kurzentschlossen mache ich doch noch einen kleinen Abstecher. Deutlich mehr Teilnehmer marschieren hier die Straße entlang, vor allem sind es fast ausschließlich junge Menschen, kaum jemand ist über 30. Es ist laut, einige tragen lange, quadratische Holzstangen und ich erinnere mich an Fernsehbilder, wo Demonstranten damit auf Polizeihelme schlagen. Immer wieder sehe ich Plakate und Flugblätter mit einer großen Erdbeere und es dauert eine Weile bis ich begreife, dass es Solidaritätsbekundungen mit den Erdbeerpflückern von Manolada sind. Nach einigen Minuten, die ich neben den Demonstranten hergehe, fällt mein Blick auf einen älteren Mann, der am Rand der Strecke auf einem Geländer sitzt. Er muss um die 60 sein, hat einen kleinen Bauch, einen dichten, grauen Rauschebart, eine rote Käppi auf dem Kopf und kleine, blauen Augen. Zugleich gütig und traurig schaut er in die vielen jungen Gesichter, die lärmend vorbeiziehen.
Am Parlament vereinen sich die Demonstrationen und auf dem großen Platz kann man deutlich erkennen, wie wenig Menschen es sind. Nur die Straße direkt vor dem Parlament ist voll, wo zwischen den Protestierenden auch einige Touristen mit roten Gesichtern und Strohhüten stehen. Trotzdem gehe ich die Treppen hinauf und mische mich unter die Menge. Plötzlich höre ich drei Männer neben mir Deutsch reden und

entschließe mich, sie anzusprechen.

„Hallo! Seit ihr Touristen oder demonstriert ihr?"

Drei Gesichter sehen mich erstaunt an. Etwas perplex antwortet einer mit einem weißen Hut: „Wir demonstrieren. Die Rosa-Luxemburg-Stiftung hat eine Reise nach Athen organisiert, an der wir teilnehmen." Glücklich, kritische Deutsche zu treffen, erzähle ich von meinem Buchprojekt und wir unterhalten uns angeregt über die desaströse Sparpolitik, die Rolle unserer Bundesregierung und die einseitige Berichterstattung. „Dabei gibt es hier viele gute Projekte", echauffiert sich der Älteste der drei, „heute Nachmittag werden wir ein Nachbarschaftprojekt und ein besetztes Theater besuchen." Ich mache große Augen und er bemerkt meine Neugier.

„Willst Du mitkommen? Das könnte Dich doch interessieren."

„Auf jeden Fall! Vielen Dank!" Schon habe ich meinen Bleistift in der Hand. „Wo soll ich hinkommen?"

„Kennst Du die Platia Exarchion in Exarchia?"

Auf der kleinen Terrasse vor dem Exarchion-Hotel treffe ich die sehr gemischt Reisegruppe. Es sind ältere Männer dabei, zwei mit Baskenmützen, Frauen in den 50ern und auch mehrere Reisende in meinem Alter. Ich werde willkommen geheißen und allen vorgestellt, da hält auch schon ein Kleinbus neben dem Hotel. Wir schaukeln kurz darauf in angenehmer Kühle durch die engen Straßen von Athen, ich sitze ganz hinten neben Ralf (Anm.: Der Name wurde auf Wunsch geändert), der mir auf Anhieb sehr sympathisch ist. Er arbeitet bei einer großen deutschen Organisationen im Asylbereich, schimpft auf alle Gutmenschen, die leer dahherreden anstatt Dinge zu ändern und erzählt von dem jährlichen Antifa-Fußballturnier, wo es aus Prinzip keine Schiedsrichter gibt. Ich muss herzlich lachen, werde aber vom Leiter der Gruppe unterbrochen, einem schlaksigen blonden Mann, den ich auf Mitte 30 schätze. Er erklärt, leicht lispelnd, dass wir für die Nachbarschaftsinitiative etwas Geld sammeln und eine schwarze St. Pauli-Tasse beginnt durch die Reihen zu wandern. Aufgrund meines angespannten Budgets werde ich etwas nervös und zögere einen Moment, stecke dann aber drei Euro in die Tasse.

Das Nachbarschaftsprojekt heißt „Die Ameise". Der Bus hält vor einem Reihenhaus, die Leiterin steht schon davor und begrüßt uns herzlich. Eine ältere Frau, die Dolmetscherin der Gruppe, übersetzt die gegenseitigen Höflichkeiten und wir folgen ihr in das Haus. In einem kleinen Raum stehen Holzklappstühle, vorne hat man aus hellem Holz eine Theke gezimmert, ich setze mich an den Rand und sehe mich um. Die Wohnung, die man für das Projekt benutzt, ist wirklich schön. Die Decken sind wie die Türen sehr hoch, die Wände weiß gestrichen und unter unseren Füßen liegt sauberes Parkett, das nach Zitronenputzmittel riecht. Die Leiterin der Einrichtung - sie hat kurze graue Haare, wenige Falten und eine schwarze Brille - steht vor der Bar und beginnt, von Ihrer Arbeit zu erzählen. Unsere Dolmetscherin, auf einem Stuhl neben ihr, hat ihren Notizblock auf den Knien und hebt zwischendurch immer wieder die Hand, um nicht zu viel auf einmal übersetzen zu müssen.

„Der Stadtteil, in der wir uns befinden, heißt Kypseli und ist eine der ärmeren Gegenden Athens. Wir haben „Die Ameise" hier vor ungefähr einem halben Jahr gegründet. Unsere Haupttätigkeit ist die Ausgabe von Lebensmitteln, da sich viele Menschen schlicht keine mehr leisten können. Alle zwei Wochen kommen Bedürftige zu uns und wir geben Einkaufstüten mit Nudeln, Reis oder Ähnlichem aus. Um die Lebensmittel zu bekommen, stellen wir uns mit großen Schildern vor Supermärke und bitten die, für die es noch möglich ist, bei ihrem Einkauf ein bisschen etwas für unser Projekt mitzukaufen." Nach einer kleinen Pause fügt sie hinzu: „Die Supermärkte selber geben leider gar nichts. Außer der Lebensmittelausgabe organisieren wir noch einmal pro Woche einen Markt ohne Zwischenhändler auf einem Platz in der Nähe. Dort kann man direkt bei Großhändlern Lebensmittel kaufen, die deswegen billiger sind. Und wir haben noch einen kleinen Basar im Keller für gebrauchte Kleidung und Spielzeug." Sie schweigt und wartet. Ein Mädchen neben mir, die einen Rasta-Dutt auf dem Kopf hat und alles unterbrochen mit einer kleinen, modernen Digitalkamera filmt, hebt die Hand.

„Wie finanzieren Sie die Wohnung und ihre Arbeit hier. Gibt es staatliche Unterstützung?"

„Nein, staatliche Unterstützung gibt es keine. Die Fixkosten wie Miete, Strom etc. werden von privaten Unterstützern aufgebracht. Darüber hinaus versuchen wir die Menschen, die herkommen, zu ein bisschen Engagement bei uns zu überreden. Zum Beispiel für die Arbeit vor den Supermärkten. So haben wir einen Kern von ungefähr 25 Personen, die uns regelmäßig helfen."

Eine Frau, die offensichtlich auch hier arbeitet und direkt vor mir an einem kleinen Tisch sitzt, schaltet sich ein. Sie ist etwas dicker und mir schon aufgefallen, weil sie ununterbrochen Zigaretten aus tiefschwarzem Tabak dreht.

„Ja", die Dolmetscherin lässt sie aussprechen und nickt, „noch zum Thema staatliche Unterstützung. In der Nähe ist eine Polizeistation, wo natürlich bekannt ist, wann hier Lebensmittel ausgeben werden. Das macht sich die Polizei zu Nutze und hat schon einige Mal Migranten ohne Papiere direkt einen Block weiter, noch mit den Lebensmitteltüten in den Händen, eingesammelt."

Viele im Raum schütteln ungläubig den Kopf.

Nach einer Weile betretenem Schweigen meldet sich unser Gruppenleiter. „Vielen Dank für Ihre interessanten Ausführungen zu ihrem wirklich gelungen Projekt." Ich finde seine Förmlichkeit etwas unpassend, höre aber natürlich trotzdem höflich zu.

„Können Sie uns vielleicht darüber hinaus etwas zur generellen Situation in Griechenland erzählen und etwas dazu sagen, wie Sie die weitere Entwicklung sehen und welche Erwartungen Sie an Europa haben?"

Die Leiterin atmete aus und schiebt ihre schwarze Brille hoch auf die Nase: „Die Situation hier ist sehr schwer. Letzten Winter hatten beispielsweise 70% der Haushalte in unserem Viertel keine Heizung, weil die Troika eine drastische Erhöhung der Steuern auf Heizöl durchgesetzt hat. Und hier wird es ganz schön kalt. Auch die neue Immobiliensteuer ist für viele ein großes Problem. Vor allem weil die Berechnung der Steuer absurd ist. Teilweise wird als Berechnungsgrundlage das Dreifache des tatsächlichen Wertes der Immobilie veranschlagt. Was die weitere Entwicklung und Erwartungen angeht", sie reckt den Hals, „da fragen wir am besten Robertos." Sie wartet eine Weile. „Robertos!" Aus dem Nebenzimmer taucht ein dicker Mann auf, der einen langen Pferdeschwanz, einen schwarzem Bart und tiefe Ränder unter den Augen hat. Ich habe sofort das Gefühl, eine herzensgute Person vor mir zu haben. Die Leiterin erklärt ihm auf Griechisch die Frage, Robertos stutzt kurz und beginnt dann zu sprechen.
„Was wir wirklich von Europa erwarten ist Protest. Ehrlichen Protest gegen das, was man den Menschen hier in Griechenland antut. Protest in anderen Ländern, um Regierungen zu stürzen, die mitverantwortlich für die augenblickliche Situation sind. Wir wünschen uns wahre Solidarität mit den Menschen in Griechenland." Er macht eine kurze Pause.
„Und wir wollen Vernetzung mit den Bewegungen in anderen Ländern. Um uns gemeinsam gegen die augenblickliche Politik wehren zu können. Denn ich bin sicher: was hier passiert, kommt auch auf Euch zu."

Ich wusste nicht, dass auch Theater besetzt werden. Nach einer kurzen Busfahrt aus Kypseli steht unsere Gruppe vor einem heruntergekommen Gebäude mitten im Zentrum von Athen und ich betrachte neugierig das „Embros". Einige Minuten stehen wir etwas unschlüssig vor der offenen Tür, dann kommt ein junge Frau mit heller Haut und bunten Pluderhosen heraus und begrüßt uns freundlich. Fasziniert betrachte ich dieses sympathische Theaterwesen. Sie hat drei Plastikblumen im Haar, ein schmales Gesicht und einen feinen Flaum unter der kräftigen Nase. Björn, was übrigens der Name unseres Gruppenleiters ist, beginnt den genauen Ablauf unseres Besuches mit ihr durchzugehen und sie nickt höflich, auch wenn sich in ihrem Blick eine Spur Unverständnis für so viel Planerei mischt.
Drinnen werden wir an einer kurzen Bar vorbei in den Theatersaal geführt, der für ein Anarchistentheater perfekter nicht sein könnte. Der Raum ist riesig und, genau wie die Bühne, komplett schwarz gestrichen. Aus den Wänden schauen Leitungen und Sicherungen, ich streife im vorbeigehen mit den Fingern über ein Stück Wand und feiner Sand rieselt hinab. Von der Decke hängen unzählige Lampen und alte Scheinwerfer herunter, es riecht modrig und nach kaltem Rauch. Vor den Sitzenplätzen, die auf ein Baugerüst montiert sind, steht die flache, weite Bühne. Pechschwarz nimmt sie den halben Raum ein, auf ihr stehen ein Schaukelpferd, ein alter Kinderwagen und

ein Bettgestell aus Metall. Rechts daneben streckt sich ein schmaler Stahlkäfig bis zur hohen Decke, aus dem eine kahlköpfige Schaufensterpuppe in den Raum starrt. Beeindruckt stehe ich inmitten dieser kaputten Theaterwelt. Die Gruppe beginnt interessiert umherzulaufen, verfolgt von Björn, der verzweifelt versucht, etwas Ordnung in die unkontrollierte Besichtigung zu bringen. Nach einigem hin und her setzen wir uns auf die schwarzen Bretter in einen großen Kreis. Eine der Regisseurinnen, sie ist um die 50, trägt ein buntes Kleid und hat ein Zigarette zwischen den Fingern, kommt zu uns auf die Bühne und beginnt über das Embros, auf Deutsch vorwärts, zu erzählen. Wie das Theater lange leer stand, dann 2011 von einer Gruppe Künstler besetzt wurde, sich seitdem selbst verwaltet und Vorstellungen gibt, ohne Eintritt zu verlangen. Sogar der Wein an der Bar, sie lächelt und man sieht eine freche Zahnlücke aufblitzen, sei umsonst. In der anschließenden Diskussion kommen noch ein weiterer Regisseur sowie einige Schauspieler hinzu und meine Reisegruppe beginnt Fragen zu institutionsbezogener Förderung oder Entscheidungsfindungsprozessen im Rahmen der Selbstverwaltung zu stellen. Ich beobachte interessiert die Mitglieder des Theaters, die mit gespreizten Beinen auf der Bühne sitzen und Kette rauchen, die Stirn bei einigen der Fragen in Falten legen, aber dennoch höflich auf alles antworten.

Die völlig entkräftete Dolmetscherin besteht um kurz vor zehn darauf, die Diskussion zu beenden. Wir dürfen aber noch in den zweiten Stock, wo sich mehrere Räume vollgestopft mit alten Requisiten befinden. Röcke, Perücken und kaputte Sonnenbrillen liegen in verrosteten Regalen, Umzugskartons stehen wild durcheinander, ich finde eine kleine Sanduhr, halte sie bedächtig in der Hand und widerstehe nur schwer dem Impuls, sie in meiner Tasche verschwinden zu lassen. Zum Schluss werden wir noch über eine Wendeltreppe außen am Gebäude auf das große Flachdach des Theaters geführt. Ich trete auf das Dach und die hell erleuchtete Akropolis taucht vor mir auf. Einige Minuten genieße ich den herrlichen Blick, allerdings begleitet von einer leichten inneren Unruhe, da an einigen Stellen das Licht der zweiten Etage durch den Boden scheint. Als ich mich von allen verabschiede, schüttelt als letztes die Regisseurin meine Hand. „Ich heiße übrigens Euphrosyne." Sie lächelt und zwinkert mir zu: „It means Joy."

2. MAI 2013 – ATHEN

Nach dem äußerst ereignisreichen 1. Mai habe ich eigentlich große Lust, heute nichts zu tun außer im Schatten eines großen Sonnenschirmes Cappuccino Freddo zu trinken und Alexis Sorbas zu lesen. Es hat mich allerdings zwei Anrufe, mehrere Mails und einiges Kopfzerbrechen gekostet, einen Termin beim UNHCR zu bekommen. Die große UN-Organisation ist gerade in Athen eine prominente Adresse und ich kann mich letzten Endes nicht durchringen, auf das Gespräch zu verzichten. Müde nehme ich die Metro und sitze wenig später in dem aufgeräumten Büro einer jungen Frau

gegenüber. Das Gebäude des UNHCR befindet sich in unmittelbarer Nähe zum Hauptquartier von Golden Dawn, dem ich vor zwei Tagen einen Besuch abgestattet habe. Auf ihre Nachbarn angesprochen schüttelt die junge Frau den Kopf:
„Die Arbeit hier wird von Golden Dawn nicht gestört. An die UN trauen die sich nicht heran. Aber sonst", sie seufzt, „ist Golden Dawn augenblicklich leider in aller Munde. Das liegt zum einen an ihren öffentlichkeitswirksamen Aktionen. Sie wollten zum Beispiel vor dem Parlament Osterlämmer an „echte" Griechen verteilen. Das wurde allerdings Gott sei Dank verboten. Zum Anderen hat die Armut die Angst vor Zuwanderern stark wachsen lassen. Das hilft Golden Dawn natürlich enorm. Auch die zunehmenden Angriffe auf Migranten zeigen die wachsenden Ressentiments."
Sie holt eine Mappe hervor und reicht sie mir.
„Hier haben sie die letzten Studien zu rechter Gewalt in Griechenland. Bedenken Sie aber, dass das volle Ausmaß nur schwer abzuschätzen ist. Jeder weiß, wie eng die rechten Kräfte mit der Polizei verknüpft sind. Viele Opfer rechter Gewalt gehen deswegen erst gar nicht zur Polizei."
„Danke!" Ich blättere kurz durch die Papiere und lege die Mappe dann vor mich auf den Tisch. „Abgesehen von der zunehmenden rechten Gewalt, mit welchen Problemen haben Flüchtlinge in Griechenland noch zu kämpfen?"
„Vor allem die Aufnahmebedingungen für Flüchtlinge sind sehr problematisch. Auf vielen der Inseln, wo Flüchtlinge landen, gibt es wenige oder keine Aufnahmestellen. Wenn es Aufnahmestellen gibt, wandern alle Flüchtlinge von dort zuerst kategorisch ins Gefängnis. Das Asylverfahren ist außerdem extrem lang, der Zugang dazu sehr schwierig, während des Verfahrens gibt es keine Unterstützung und selbst wenn Asyl gewährt wird, ist die anschließende Integration problematisch, da dafür fast keine staatliche Hilfe existiert."
Ich schaffe es, diesen sehr prägnanten Vortrag in meinem Notizbuch unterzubringen, und wir unterhalten uns noch weiter über verschieden Asylthemen, alles in allem bestätigt sie aber die Situation, wie sie mir schon vor drei Tagen von Parthena geschildert wurde. Fast am Ende der mir eingeräumten Zeit wage ich noch meine Fragen zur generellen Situation und dem angespannten Verhältnis zu Deutschland. Mit überraschender Offenheit antwortet sie:
„Es fühlt sich an, als hätte Deutschland uns im Würgegriff. Die UN hat darauf hingewiesen, dass die Sparmaßnahmen unmittelbar zu Menschrechtsverletzungen führen, besonders was den Zugang zu Nahrungsmitteln, Wasser, Energie oder die Gesundheitsversorgung angeht. Trotzdem wird weitergemacht."
Sie hält kurz inne und zieht die Augenbrauen zusammen: „Außerdem ist das Bild unfair, was das Ausland inzwischen von Griechenland hat. Man sieht uns als unterentwickeltes Land mit dummen Bewohnern. Das verletzt."
Ich nehme die Metro zurück ins Hostel und ziehe in dem dunklen Zimmer mein

Deutschlandtrikot an. Von den deutschen Nachrichten und vielen besorgten Freunden verunsichert, trage ich meine Joggingschuhe und in meinem Rucksack nichts außer meinen Personalausweis, ein paar Schuhe und ein T-Shirt. Es soll mein großer Coup werden, aber zu meiner Überraschung verliert schon der Mann hinter der Rezeption kein Wort über mein Outfit. Ich wandere also durch Athen, vorbei an den Punks in Exarchia, durch das ärmere Viertel rund um den Omonia-Platz, durch das Zentrum, über den Monastiraki-Platz bis ans Parlament und hinein nach Kolonaki. Ich laufe über große Plätze, durch kleine Nebenstraßen und über den Campus der Uni, aber nirgendwo bemerke ich ungewöhnliche, geschweige denn feindliche Reaktionen. Ein Schuhputzer am Omonia-Platz hebt den Daumen und ruft „Germany", eine struppige Katze miaut mich an, ansonsten sehe ich nicht einen einzigen Kopf, der sich verwundert dreht. Nach vollen zwei Stunden sitze ich auf einer Parkbank in Kolonaki. Ich wurde nicht verprügelt, nicht mit Steinen beworfen, nicht gejagt, bespuckt oder beschimpft, sondern wie in jeder anderen Großstadt: einfach ignoriert.

Nachdem sich meine Überraschung über den unspektakulären Ausgang meines Experiments gelegt hat, wechsele ich mein Outfit und schaue mich um. Ich bin im Athener Edelviertel Kolonaki. Man biegt kurz hinter dem Parlament links ab und ist Lichtjahre von den Problemen des heutigen Griechenlands entfernt. Hohe Bäume strecken auf der Mitte des kleinen Platzes ihre grünen Blätter in den Himmel, an den breiten Bürgersteigen stehen gepflegte Häuser mit polierten Klingelknöpfen, vor schicken Restaurants sitzen gut gekleidete Männer an den wenigen Tischen. Es herrscht eine gemächliche Ruhe, nichts von dem Hupen und Schreien des staubigen Athens dringt in diese heile Welt. Ich schlendere über den Platz, bemerke interessiert, dass der Kiosk Häagen-Dazs Eiskreme verkauft, und mache mich auf den Weg zu meinem letzten Gespräch in Athen.

Ich klingele ein weiteres Mal bei einer deutschen Vertretung. Meiner festen Überzeugung nach erwartet mich eine kompromisslose Verteidigung der augenblicklichen Politik und ich bin deswegen sehr gespannt auf das Treffen. Bald darauf sitzt mir eine junge Frau gegenüber. Etwas ernst und verkniffen drückt sie ihre Lippen aufeinander, während ich meine Fragen stelle. Ihre Antworten gibt sie ohne zu zögern.

„Ich war gestern auf den Demonstrationen zum 1. Mai und sehr überrascht, dass so wenig Menschen auf die Straße gegangen sind. Warum gab es so wenig Teilnehmer?"

„Die Demonstrationen haben weniger Teilnehmer, weil die Menschen einfach müde sind. Sie haben schon sehr lange sehr intensiv demonstriert. Außerdem gelten die Gewerkschaften, die immer viele Menschen mobilisiert haben, inzwischen selbst als korrupt. Man traut ihnen nicht mehr. Deswegen folgen immer weniger Menschen Ihrem Aufruf zu demonstrieren."

Zufrieden vernehme ich diese Erklärung, die ich bereits von verschiedenen Seiten gehört habe. Besonders freut mich, dass die wenigen Teilnehmer nicht mit dem guten

Wetter und der endlich erfolgten Einsicht der griechischen Bevölkerung begründet werden. Eine Ansicht, die übrigens die Tagesschau am 1. Mai 2013 in Millionen deutsche Wohnzimmer transportierte.

„Viele, mit denen ich gesprochen habe, beurteilen die Reformpolitik als äußerst unausgeglichen. Es träfe fast ausschließlich die schwächeren Schichten der Gesellschaft. Wie beurteilen Sie die augenblickliche Politik?"

„Die soziale Schieflage bei den Reformen erkenne ich an. Dies lag aber vor allem an dem immensen Zeitdruck, unter dem die Entscheidungen getroffen wurden. Die griechische Seite hat viel Zeit ungenutzt verstreichen lassen. Hätte man sich den Forderungen der Geldgeber von Anfang an konsequent gestellt, hätte die Möglichkeit bestanden, besser zu verhandeln und die Reformen sozial ausgeglichener zu gestalten."

Mit dem Aufschreiben der schnell vorgebrachten Antworten beschäftigt, bemerke ich die interessante Logik dieser Aussage nicht: Griechenland ist selber schuld sich gegen den Druck, seinen Sozialstaat zu zerstören, nicht besser gewehrt zu haben. Als sie fortfährt, unterbreche ich sie also nicht, werde mich aber heute Abend noch über die unterbliebene Nachfrage ärgern.

„Man hat darüber hinaus sicherlich unterschätzt, wie sehr die Kürzungen auf die Wirtschaft durchschlagen. Das Bruttoinlandsprodukt ist erheblich schrumpft. Aber wenn die Liberalisierungen auf dem Arbeitsmarkt und in der Wirtschaft erst wirken, kann es auch wieder aufwärts gehen."

Bei dieser Aussage fällt mir mein Gespräch mit Tasos wieder ein, ich hake also nach: „Ich habe auch schon gehört, dass ausschließlich Liberalisierung und Kürzungen für eine Wirtschaftsstruktur, wie sie in Griechenland existiert, nicht der richtige Weg sind. Vor allem weil dadurch der Konsum im Inland wegbricht."

Zum ersten und einzigen Mal zögert sie einen kleinen Moment vor ihrer Antwort: „Es ist richtig, dass die wesentliche Wirtschaftleistung in Griechenland von kleinen Läden und Dienstleistern erbracht wird. Die augenblicklichen Reformen zielen hingegen eher auf größere Investitionen und ein industrielles Wirtschaftswachstum. Der Konsum im Inland wird nicht stimuliert. Man weiß daher in der Tat nicht 100%ig sicher, ob die augenblicklichen Reformen der absolut richtige Weg sind. Die Frage, ob wir zu sehr mit unserem Verständnis von Wirtschaft an die Situation herangehen, ist berechtigt.»

Überrascht von so viel Ehrlichkeit ziehe ich die Augenbrauen hoch, während ich schreibe.

„Zum Thema „unser Verständnis von Wirtschaft". Stört es die Bevölkerung nicht, dass die griechische Politik so offensichtlich im Ausland gemacht wird?"

„Die extern bestimmte Politik ist problematisch, vor allem, weil es die Reformen schwer vermittelbar macht. Die augenblicklichen Veränderungen im Land sind gewaltig, es wäre eine nationale Aufgabe, sie zu bewältigen. Die Menschen müssten sie mittragen und dahinter stehen. Es ist aber sehr schwer der Bevölkerung so viel abzuverlangen, wenn externe Kräfte diese Veränderungen erzwingen. Dies ist übrigens meiner Ansicht nach auch der Grund, warum es an der Umsetzung vieler Reformen hapert. Es gibt einen gewissen Widerwillen gegen Maßnahmen, die von außen befohlen werden."

„Sie hatten zuvor gesagt, dass im Rahmen der Reformen enormer Zeitdruck bestand. Sind die Entscheidungen vor dem Hintergrund dieser extremen Eile noch demokratisch?"

„Der extreme Zeitdruck in den parlamentarischen Verfahren ist ein Problem. Ich glaube aber, dass eine Orientierung über die Eckpunkte der jeweiligen Reformvorhaben noch möglich ist. Der Druck der Märkte ist aber darüber hinaus schlicht eine Realität, dem wir uns anpassen müssen. Die Entscheidungsverfahren müssen sich ändern, um diesem Druck begegnen zu können."

„Marktkonforme Demokratie" steht folglich als Schusswort in meinem Notizbuch und ich will mich schon erheben, da fragt sie mich, als erste meiner Gesprächspartner, nach meiner Sicht der Dinge. Ich lehne mich wieder zurück und erkläre kurz und so respektvoll wie möglich meine Meinung. Sie verzieht keine Miene, widerspricht nicht, fragt sogar zweimal nach, und bedankt sich, als ich fertig bin, sehr höflich für mein Interesse. Zufrieden mit diesem Ende meiner Recherchen in Athen und müde von der anstrengenden Woche laufe ich zurück zum Hostel. In meinem Schlafsaal verzichte ich darauf meine Mailbox zu öffnen, werfe nur meinen Rucksack auf das Bett und freue mich auf morgen. Es erwartet mich ein ganzer Tag ohne Verpflichtungen und Pläne, bevor es übermorgen weiter nach Patra geht.

3. MAI 2013 – ATHEN

Alexis Sorbas ist tot. Auf dem Victoria Platz lege ich ergriffen das Buch neben meinen Eiskaffee und wische mir verstohlen eine Träne aus dem Augenwinkel. „Das Leben lieben und den Tod nicht fürchten". Sorbas hat recht. Meine Schläfen pochen noch von gestern, trotzdem beschließe ich gerührt, heute Abend mindestens zehn griechische Schnäpse auf Sorbas zu trinken.

Nachdem ich durch Excharia gelaufen bin, sitze ich auf einem der bunten Stühle meines Cafés und habe den dritten Tsipouro vor mir stehen. Am Anfang durch Sorbas Tod aufgewühlt, habe ich mich inzwischen beruhigt und schaue rauchend in den dunkel werdenden Himmel. Vögel fliegen über meinem Kopf durch das tiefe Blau, ich höre „Yumeji›s theme" in der Endlosschleife und nehme wehmütig Abschied von Athen. Ein wenig heimisch habe ich mich schon gefühlt. In den dreckigen, staubigen Straßen, vor der weißen Akropolis und zwischen Pluderhosen tragenden Anarchisten. In dem stolzen und gefährlichen, armen und ewigen Athen.

4. MAI 2013 – ATHEN – PATRA – KATO ALISSOS

In einem der rollenden Müllcontainer, die in Athen an jeder Ecke stehen, finde ich einen großen Karton. Ich reiße den Deckel ab und schlendere fröhlich durch die Morgensonne zurück zum Hostel. Auf dem Tresen der Rezeption schreibe ich «Patra» auf das längliche Stück Pappe, während mich die Stimme auf der anderen Seite wiederholt darauf hinweist, dass Trampen in Griechenland nicht funktioniere. Nach einem einstündigen Fußmarsch halte ich also mein Schild in die Sonne. Ich stehe an einer breiten Straße, mein Rucksack, nach dem ich immer wieder schiele, lehnt an einer graue Säule im Schatten. Laut Google Maps ist dies die Ausfahrstraße nach Patra und da es Samstag vor dem orthodoxen Osterfest ist, rechne ich mir gute Chancen auf eine Mitfahrgelegenheit aus. Die breite, vierspurige Straße liegt in der Mittagssonne, es ist heiß, nur hin und wieder läuft eine Menschenseele vorbei und verschwindet in einer der dreckigen Seitenstraßen. Ich bin noch nie getrampt und es ist mir etwas peinlich, an einem schmutzigen Autobahnzubringer ein Schild hochzuhalten, trotzdem versuche ich freundlich zu lächeln. Zweimal laufe ich zu Autos, die angehalten haben, beide Male starren mich zwei Paar Augen entsetzt an, als ich enthusiastisch am Fenster auftauche, und geben wortlos Gas. Mehrfach zeigen Beifahrer mit großen Sonnenbrillen auf mich, worauf sich weitere Köpfe wenden und der Wagen in kollektives Gelächter ausbricht, einmal verschluckt sich sogar eine junge Frau an ihrem Eiskaffee. Nach ungefähr einer Stunde setze ich mich auf den dreckigen Boden und creme mich mit Sonnenschutz ein, da ich wohl noch einige Zeit in der prallen Sonne verbringen werde. Resigniert halte ich das Schild vor mich, fettige Creme und Schweiß kleben auf meiner Haut. Eine alte Dame schleppt sich mit ihrem Einkaufsrollator im Schneckentempo an mir vorbei, ich folge ihr aufmerksam mit den Augen und grübele, was sie bloß an diesem gottverlassenen Ort verloren hat.

Plötzlich hält ein junger Typ mit Dreitagebart, modischer Ray Ban Sonnenbrille und sehr weißen Zähnen neben mir. Er fährt einen kleinen Geländewagen und winkt mich freundlich zu sich. Ich kann es kaum fassen und stürze zu seinem Auto.

„Hey, ich ab Dich gerade schon gesehen. Warte nicht länger hier, es wird Dich keiner mitnehmen. Ich fahr Dich zum Busbahnhof und gebe Dir Geld für den Bus, ok?".

„Wirklich?" Hoffnungsvoll kralle ich mich an der Beifahrertür fest.

„Steig ein!" Er lächelt ein breites Zahnpastalächeln.

Ich überschlage mich in Danksagungen und sitze, voller Vorfreude auf einen privilegierten, kostenfreien Platz im Bus, drei Sekunden später neben ihm. Als ich mich zum 15zehnten Mal bedanken und mich über die wenigen guten Menschen auf diesem schlechten Planeten freue, legt er mit den Worten „kein Problem, man" seine Hand auf mein Knie und lässt sie genau eine halbe Sekunde zu lange liegen. Mein Rücken drückt sich durch. Schlagartig wird mir klar, dass ich für meinen Gönner ein mitteloser Tramper von der Straße und so etwas wie Freiwild bin. Ich räuspere mich, rutsche nervös auf dem Sitz herum und beginne, zwei Oktaven tiefer zu sprechen. Er hat aber schon an meiner verkrampften Körerhaltung begriffen, seine riesige Sonnenbrille schaut mich an und er lacht. Tatsächlich fährt er mich zum Busbahnhof und drückt mit 15 Euro in die Hand. Beim Abschied breche ich ihm fast die Finger und beeile mich, aus dem Auto zu kommen.

Meine Brille auf der Nase sehe ich aus dem Busfenster und höre Air. Von Zeit zu Zeit ziehen sich noch meine Augenbrauen zusammen, die hügelige Landschaft und der Blick auf das ruhige, blaue Meer in der Sonne beruhigen mich aber mehr und mehr. Wir fahren über den Kanal von Korinth, nach fast drei Stunden sehe ich die imposante Rio-Andirrio-Brücke und kurz darauf fährt der Bus in Patra ein. Von verschiedenen Seiten hatte ich gehört, dass die Stadt nicht unbedingt interessant sein soll. Ermüdet von dem hektischen Athen habe ich mich daher gestern Abend für einige Tage auf dem Campingplatz Kato Alissos entschieden, der sich 20 Kilometer südlich von Patra und direkt am Meer befindet. Wie ich ihn von Patra aus erreichen kann, war mir bei meiner Entscheidung nicht hundertprozentig klar, im Busbahnhof von Patra beruhigt man mich aber: es gebe einen Bus, der direkt vor dem Campingplatz halte. Wieder auf einem Sitz hoch über der Straße fahre ich aus der griechischen Kleinstadt hinaus und durch den Peloponnes. Zwischen ungepflegten Feldern und wuchernden Wiesen ragen immer wieder halb fertige Wohnhäuser und kaputte Scheunen hervor, schon auf meiner Reise nach Patra sind mir die vielen Ruinen aufgefallen, die verlassen in der Landschaft stehen. Meine Gedanken, inwieweit die Krise dafür verantwortlich ist, werden jäh von dem Schild „Camping" unterbrochen, was draußen an dem Bus vorbeirauscht. Ich mache mich lautstark bemerkbar und verfluche innerlich den Fahrer, den Ticketverkäufer, den Kontrolleur und eine jungen Frau vor mir, die ich alle gebeten hatte, mir vor meiner Haltestelle Bescheid zu geben. Der Busfahrer stößt einige unfreundlich klingenden Worte aus, hält aber trotzdem mitten auf der Strecke und lässt mich aussteigen. Ich biege von der Landstraße ab in Richtung Meer, wandere durch Zitronen- und Orangenbäume, es ist himmlisch ruhig, man hört nur das Singen der Vögel und das Summen der vielen Insekten. Nach einer viertel Stunde schimmert es am Ende der kleinen Straße zwischen den grünen Zweigen blau hervor, kurze Zeit später stehe ich vor dem Campingplatz.

5. MAI 2013 – KATO ALISSOS

In der Nacht wecken mich immer wieder die Kirchenglocken der umliegenden Dörfer, die das griechische Ostern verkünden. Nach dem dunklen Läuten beginnt jedes Mal die Knallerei der Feuerwerkskörper, die Halbstarke auf den Marktplätzen zünden, bis wieder für eine Zeit Ruhe einkehrt und ich zum lauten Rauschen der Bäume über meinem Zelt einschlafe. Die ganze Nacht verbindet sich mir zu einem halbwachen Traum von heiliger Feier, ausgelassener Fröhlichkeit und der beruhigenden Ruhe der Natur, den ich in meinem kleinen Zelt, in den Schlafsack gehüllt, von Ferne miterlebe. Am Morgen wecken mich die Vögel, ein Konzert aus tausend Stimmen, so laut, wie ich es seit Jahren nicht mehr vernommen habe. Glücklich lächele ich im Halbschlaf, bevor ich wieder einschlummere. Trotz der verschiedenen Unterbrechungen fühle ich mich frisch und ausgeschlafen, als ich morgens aus dem Zelt krabbele. Die Sonne scheint, es ist warm, aber deutlich angenehmer als in Athen. Die Einladung der Nachbarn, ein älteres Ehepaar mit einem geräumigen Wohnwagen, nehme ich geistesgegenwärtig sofort an. Bei dem Frühstück mit Kaffee, frischem Brot und richtigem Aufschnitt esse ich ungeheuer viel und höre den beiden, die in Wien ein Unternehmen zur Herstellung von Solarzellen aufgebaut haben, interessiert zu.

Meine Joggingroute nach dem Frühstück führt mich zuerst durch die Siedlung, die meinen Campingplatz umschließt. In den kleinen Gärten vor den einstöckigen Häusern stehen Organen- oder Zitronenbäume, überall ertönt laute Musik, die sich für meine ungeübten Ohren sehr orientalisch anhört. Um weiße Tische sitzen Großfamilien, jeder Haushalt brät ein ganzes Osterlamm an einem langen Spieß, die Luft riecht nach Kohle und Frühling. Ich laufe aus der Siedlung hinaus einen Feldweg entlang, vorbei an Olivenhainen, Obstplantagen und verwilderten Gärten. Auf dem Rückweg stibitze ich noch zwei Orangen und eine Zitrone, die ich, wieder auf dem Campingplatz, in mein Wasser ausquetsche.

Das Restaurant des Campingplatzes hat leider zu und auch sonst ist es eher ruhig. Genau drei andere Camper haben sich an diesen abgeschiedenen Ort verirrt, es ist leer, nur die Familie des Eigentümers sorgt für etwas Unterhaltung, denn auch hier dreht sich vor dem flachen Gebäude, in dem man Bier, Marmelade und Brot kaufen kann, ein Lamm über einem riesigen Grill. Ich habe auf der verlassenen Terrasse des Restaurants mein Büro aufgebaut, ein Tisch mit meinem Laptop steht direkt an der Veranda im Schatten eines Baumes. Vor mir das weite Blau versuche ich die ersten Athener Geschichten aufzuschreiben, immer wieder schweift mein Blick aber hinaus aufs Meer und ich muss mich zwingen, ihn wieder auf den Bildschirm zu richten. Nachmittags lädt mich die griechische Großfamilie zum Lammessen ein, es schmeckt herrlich, sogar das Hirn, was ich bereitwillig probiere.

6. MAI 2013 – KATO ALISSOS

Einen weiteren Tag tue ich nichts als Schwimmen, Orangen essen und Schreiben. Die Krise mit all ihren Problemen scheint weit entfernt, nur während der Stunden vor meiner Tastatur versuche ich mir die vielen Eindrücke aus dem armen Athen wieder ins Gedächtnis zu rufen. Die ruhige Abgeschiedenheit tut mir gut, aber als ich abends alleine vor meinem Bier sitze, freue ich mich auf morgen. Die Fähre nach Bari legt abends ab und am Tag darauf werde ich wieder in einer richtigen Stadt sein, mit Trubel, Menschen und Cafés.

7. MAI 2013 – PATRA – BARI

Ich habe mir einen gemütlichen Platz auf einem der Außendecks gebaut, einen Stuhl für mich, einen für meine Beine, einen für den Aschenbecher. So sitze ich und schaue aufs Meer. Die Sonne scheint durch ein Loch in einer dicken Wolke und lässt einen kreisrunden Punkt auf dem unendlichen Blau hell flimmern. Zufrieden rauche ich meine Zigarette, denke an meine aufregende Zeit in Athen und die geruhsame Woche, die mir bevorsteht. In Bari und an der Amalfiküste habe ich mir außer Schreiben und Lesen nichts vorgenommen, zu Vieles muss noch aus meinem Notizbuch in den Laptop übertragen werden, bevor in Neapel und Rom wieder Gewerkschaften, Studenten und Diskussionen zur Krise auf mich warten. Ich entkorke die Flasche Rotwein, fülle meinen Plastikbecher bis zum Rand und drehe mir eine zweite Zigarette. Nach einem phänomenalen Sonnenuntergang auf offener See, bei dem mich der Wind fast vom Oberdeck des Schiffes fegt, verbringe ich den Rest des Abends mit „Sechs Nächten auf der Akropolis" von Giorgos Seferis[10]. Am Fuße meiner Flasche Wein rolle ich mich selig auf vier Sitzen im Inneren des riesigen Schiffes zusammen. Morgen erwartet mich Süditalien.

---

10   Giorgos Seferis ist ein griechischer Schriftsteller, der 1963 den Nobelpreis für Literatur erhielt.

DRITTES KAPITEL
ITALIEN

8. MAI 2013 – BARI

Bari ist eine kleine, süditalienische Stadt aus dem Bilderbuch. Die Fähre legt morgens um halb neun im Hafen an, müde aber glücklich wandere ich mit dem riesigen Rucksack durch die erwachende Altstadt. Die ersten Rentner kommen aus den niedrigen Türen und laufen langsam durch die engen Gassen, Lastwagen stehen auf dem hellen Pflaster und braungebrannte Männer tragen Kisten mit Tomaten in die Geschäfte. Der Morgen ist noch leicht kühl, im Schatten der schmalen Steinhäuser durchquere ich die verwinkelte Altstadt und komme schließlich in mein drei-Sterne-Hotel, das ich für die erste Nacht reservieren musste. Aus unerfindlichen Gründen waren alle Hostels und billigeren Unterkünfte ausgebucht.

Am Nachmittag lüftet sich das Geheimnis um die Schwierigkeit eines bezahlbaren Quartiers. Die Stadt feiert in diesen Tagen ein großes Volksfest zu Ehren des St. Nikolaus. Überall stehen in versteckten Winkeln geschmückte Heiligenbilder, auf den Straßen sind Stände mit Bier und italienischen Leckereien aufgebaut, die ganze Region scheint in die Stadt gekommen zu sein, um sich durch die Gassen zu schieben und Gegrilltes aus hellem Brot zu verspeisen. Nach einer Tour durch das Zentrum kann ich einen Platz auf einer der Terrassen ergattern und sitze inmitten des fröhlichen Treibens. Auf den glatten Steinen vor dem Cafe rennen spielendende Kinder umher, immer wieder zwängen sich Roller durch die volle Gasse, um mich herum schwatzen gutgelaunte Italiener und ich bedaure ein wenig, dass mir niemand gegenüber sitzt. Trotzdem genieße ich die unverhoffte Feststimmung, bestelle bei dem freundlichen Kellner ein Glas Weißwein und beginne dann „Der Leopard"[11], ein fantastisches Buch, von dem ich bald das erste Kapitel verschlungen habe. Anstatt eines zweiten Glases Wein lasse ich mich anschließend mit der Menschenmasse zum Hafen treiben, wo eine Flugschau stattfinden soll. Ich erwarte nichts Großes, aber als der erste Düsenjet über meinen Kopf hinwegdonnert, freue ich mich wie ein kleiner Junge. Das Geschwader fliegt enge Formationen und schlägt Loopings, einzelne Flugzeuge schießen hunderte Meter senkrecht in den Himmel und lassen sich fallen, am Ende hängt über dem Hafenbecken die Trikolore. Ich beobachte noch eine Weile, wie die frische Salzluft langsam den bunten Rauch zerpflückt, und mache mich wieder auf den Weg in die Altstadt.

---

11 „Der Leopard", in der neueren Übersetzung „Der Gattopardo", ist ein Roman des italienischen Schriftstellers Giuseppe Tomasi de Lampedusa.

In dem bunten Trubel finde ich aber doch vereinzelte Zeichen der schwierigen Lage. Auf meinem Weg durch die Stadt zähle ich drei dicke, schwarze Hakenkreuze an den alten Häusern, in der Mitte eines großen Platzes im Zentrum sitzen an die 50 afrikanischen Männer und schauen still in die Luft. Am Rand eines Parks klebt auf einem Stromkasten ein Poster mit einem Aufruf zum ersten Mai. Auf dem welligen Papier wird die klammheimliche Übertragung der wichtigsten Kompetenzen an die EU und die Aushöhlung der Demokratie gerügt, das italienische Parlament habe keine Macht mehr und könne daher auch die italienische Gesellschaft nicht mehr repräsentieren. Ich will schon weitergehen, da fällt mein Blick auf die Unterschrift.
„Lotta comunista"[12]

9. MAI 2013 – BARI

Meine Freude über ein komfortables Einzelzimmer war leider nur von kurzer Dauer. Nach 16 Stunden Fähre und einem langen Tag in Bari liege ich gestern Abend auf dem breiten Bett, habe alle Viere von mir gestreckt und bemerke auf einmal: Der Boiler im Bad gibt in regelmäßigen Abständen ein helles, durchdringendes Pfeifen von sich. Am nächsten Morgen halte ich also der freundlichen Dame an der Rezeption mein Diktiergerät unter die Nase, auf dem ich das schlafraubende Geräusch aufgenommen habe. Ich rechne nicht wirklich mit irgendeiner Vergünstigung, aber nach einer kurzen Unterredung mit der Eigentümerin, einer etwas dickeren, älteren Frau, bietet sie mir eine Preisreduktion von 60 auf 15 Euro an. Im letzten Moment unterdrücke ich ein „Wirklich?", bedanke mich höflich und stecke schnell das Wechselgeld in mein kleines Portemonnaie. Durch die Morgensonne mache ich mich auf den Weg in das Hostel, das ich für die folgende Nacht buchen konnte.

Meine neue Unterkunft ist ein großes Apartment im Zentrum von Bari. Ich stelle meinen schweren Rucksack auf den gekachelten Boden, lasse mich von dem irischen Angestellten durch die hohen, kühlen Räume führen und beschließe sofort eine weitere Nacht zu bleiben, als ich den kleinen Balkon in den Hinterhof bemerke. Tagsüber schlendere ich durch die Gassen der Altstadt, beneide alte Männer in blauen Leinenjacketts, die mit den Händen hinter dem Rücken gemächlich durch die Stadt ziehen, und ärgere mich über Ryanair-Touristen mit weißen Socken in den Sandalen.

10. MAI 2013 – BARI

Abends sitze ich in der Küche zwischen drei jungen Italienern, die in Bari eine Aufnahmeprüfung für den Staatsdienst machen, und gehe die deutsche Tagespresse auf interessante Neuigkeiten zur europäischen Politik durch. Auf Faz.de werde ich fündig.

---

12 „Lotta comunista" heißt wörtlich übersetzt „Kommunistischer Kampf" und ist eine linksextreme, italienische Partei.

Die EZB hat wieder einmal einen klugen Monatsbericht veröffentlicht, welcher aus weiter Ferne die griechische Rentenreform lobt:
„Die EZB weist außerdem auf den Erfolg einiger struktureller Reformen hin. Ein Beispiel dafür sind Reformen der Rentensysteme, durch die die erwarteten künftigen Kosten der Alterung der Gesellschaft reduziert wurden. So ist der für die fünf Jahrzehnte bis 2060 erwartete Anstieg dieser Kosten in Griechenland seit der Prognose im Jahr 2009 von 16 auf 3 Prozent der Wirtschaftsleistung bei der jüngsten Schätzung gesunken."
Nachdem ich es dreimal gelesen und endlich verstanden habe, was man mir sagen will, muss ich an Athen denken. An die vielen Pakete Taschentücher in meinem Rucksack, die ich alten Männern und Frauen abgekauft habe, an die müden Augen in den runzeligen Gesichtern und die kleinen Gestalten, die sich auf einen Gehstock gestützt langsam von Tisch zu Tisch bewegen und um Almosen betteln. Resigniert schüttele ich den Kopf, trinke meinen Rotwein aus und gehe früh ins Bett. Immerhin will ich mich morgen nur mit Hilfe eines Pappschildes 260 Kilometer quer durch Italien bewegen.

11. MAI 2013 BARI – ATRANI

Nach einer unruhigen Nacht, in der ich von unmenschlichen Technokraten und Glasfassaden geträumt habe, frühstücke ich ausgiebig und mache mich motiviert auf den Weg in Richtung Autobahn. Nach 50 Minuten Fußmarsch mit 25 Kilo Gepäck am Leib sehe ich links das Meer hinter einzelnen Häusern hervorschimmern und erfreue mich zunächst an dem leichten Blau in der Ferne. Nach weiteren fünf Minuten neben der Ausfahrtstraße fällt mir allerdings schwitzend auf, was das idyllische Blau links von mir bedeutet: ich gehe nach Süden und daher in die falsche Richtung. Schlagartig bleibe ich stehen, schließe einen Moment die Augen und mache mich, etwas frustriert, auf den Rückweg. Mit zwei Stunden Verspätung stehe ich dann, körperlich schon ziemlich am Ende, an einem Kreisverkehr in der prallen, süditalienischen Mittagssonne. Gut eine Stunde später nimmt mich ein älterer Herr bis direkt zur Autobahn mit, ich marschiere neben der Auffahrt durch Müll und Gestrüpp und stehe bald darauf hinter einer kleinen Mautstation an der Leitplanke. Obwohl alle Autos in die richtige Richtung fahren und auf der breiten Betonfläche jede Menge Platz zum Halten ist, habe ich auch hier kein Glück. Ein Leichenwagen fährt an mir vorbei, die beiden Fahrer bieten mir lachend einen Platz neben der Leiche an. Ich nicke und winke eifrig, aber der lange Mercedes gibt Gas und verschwindet in der Ferne wie hunderte andere vor ihm. Nach einiger Zeit verdunkeln riesige Wolken den Himmel und ich freue mich zunächst über die Abkühlung, bevor es anfängt in Strömen zu regnen. Eine halbe Stunde unter einem Baum später gibt sich auch die Polizei die Ehre und hält neben mir. Ob es verboten sei per Anhalter zu fahren, will ich in vorauseilendem Gehorsam wissen. Der Carabinieri in seiner schwarzen, modischen Uniform spreizt die Finger und wackelt mit seiner Hand hin und her. Mir wird nicht abschließend klar, ob die braungebrannte Hand eine unklare Rechtslage in meinem Fall bedeutet oder auf die generelle Schwierigkeit des Konzeptes „Verbot" hinweist, jedenfalls fahren die beiden weiter, geben mir aber noch zu verstehen, ich solle mich wenigstens von der Autobahn fernhalten. Zwei Männer bringen ihren geräumigen und fast leeren Kombi neben mir zum Stehen und wollen wissen, wo es zum Flughafen geht. Kurz stutze ich und fange dann schallend an zu lachen. Von den unterhaltsamen Unterbrechungen abgesehen ist der stundenlange Aufenthalt an der einsamen Mautstation allerdings nicht die angenehmste Erfahrung. Langsam beginnen meine Füße zu schmerzen, ich bin hundemüde und mir kommen Zweifel an der Sinnhaftigkeit dieses Unterfangens im Nirgendwo der süditalienischen Pampa. Viereinhalb Stunden hab ich nun schon schildhaltend verbracht, auch die Änderung meines Reiseziels auf «Napoli» hat nicht geholfen. Ich gebe mir noch eine halbe Stunde, bevor ich den Rückweg nach Bari antreten will.

Glück hat viele Namen. Heute heißt es Angelo, ist LKW-Fahrer aus Neapel und sieht mich vom Fahrersitz aus kleinen, gutmütigen Augen an. Seine Haare sind auf wenige Millimeter geschoren, er trägt einen Dreitagebart, blaue Jogginghosen und der gefederte Sitz lässt seinen runden Bauch bei jedem Hubbel lustig wackeln. Auf dem Sessel neben ihm sitze ich, hoch über der Straße und froh wie lange nicht mehr. Meine geschundenen Füße jubilieren, entspannt lehne ich mich in die weichen Polster zurück, endlich fahre ich Richtung Amalfi. Der Asphalt saust unter mir hinweg, die kleine Kabine ist erfüllt von dem lauten Brummen des Motors und selig schaue ich durch die großen Fenster in den Himmel. Angelo, der in einem äußerst seltsamen Kauderwelsch am Telefon spricht, klemmt sich nach einigen Minuten plötzlich das Handy zwischen Schulter und Ohr und zieht aus der Kühltruhe neben sich ein Bier. Ungläubig starre ich auf die beharrte Hand, die mir die beschlagene Flasche hinhält, und fange dann vor Rührung fast an zu weinen. Glücklich nehme ich tiefe Schlucke von dem kalten Bier, während draußen Italien an mir vorbeifliegt. In die riesigen Felder von Olivenbäumen fügen sich kleine Weinberge, bis sich die Vegetation langsam zu Kornfeldern und Wiesen wandelt, die sich in weiten Hügeln bis zum Horizont erstrecken. Das Licht des sich ankündigenden Abends lässt die Farben leuchten, ich stecke den Kopf aus dem Fenster, spüre den Fahrtwind meine Haare zerzausen, rieche den warmen italienischen Frühling und muss immer wieder bis über beide Ohren lachen. Zwischendurch unterhalte ich mich mit Angelo in einem Mischmasch aus Italienisch und Spanisch, wobei ich lerne, dass er sich in einem ganz entscheidenden Punkt von meinem letzten Chauffeur unterscheidet: Als er von süditalienischen Frauen schwärmt und ihm meine Zustimmung nicht enthusiastisch genug ausfällt, schaut er mich erschreckt an: „Te gusta la donna?"[13]. Sofort beginne ich überschwänglich zu gestikulieren und stimme einen Lobgesang auf das weibliche Geschlecht im Allgemeinen und die italienischen

---

13 Mischung aus Spanisch und Italienisch. Soll heißen: „Du magst Frauen?".

Frauen im Speziellen an. Er lacht. Die kleinen Zähne in dem dickbackigen Gesicht lassen ihn aussehen wie einen pummeligen Dreijährigen, der sich über Eis freut.
Wegen meiner großen Sympathie für Angelo stelle ich keine Fragen, als er 20 Kilometer vor Salerno von der Autobahn abfährt und mich raus lässt. Er zeigt auf ein Ikea, sagt etwas von Bus und ist auch schon weg. Relativ unvermittelt finde ich mich also auf einem großen Parkplatz wieder, links hinten das große Möbelhaus, sonst sehe ich nur drei weitere Industriegelände und eine alte Straße, die wieder auf die Autobahn führt. Hinter den Fabrikgebäuden erheben sich hohe, grüne Berge, es ist frisch, ich ziehe die kühle Luft ein und schaue mich suchend um. Von einer Bushaltestelle keine Spur. Etwas verwundert schultere ich meinen Rucksack und trotte durch die einsetzende Abenddämmerung an der Landstraße entlang in Richtung der Ortschaft, wo ich hoffe, die Haltestelle zu finden. Es ist inzwischen deutlich kälter geworden, und gerade als ich beginne zu überlegen, wo ich im Notfall übernachten kann und die Weiden rechts von mir inspiziere, rauscht neben mir der Bus vorbei. Ich reagiere ungewöhnlich schnell und renne dem Bus schreiend hinterher, meine beiden Rucksäcke auf den Schultern. Dieses Mal meint es der Herr gut mit mir, denn die letzte Chance nach Salerno zu kommen legt eine Vollbremsung hin. Für meine Bereitschaft zu zahlen hat der Busfahrer nicht mal Worte übrig, sondern verscheucht mich wie eine lästige Fliege, und ich lasse mich glücklich auf einen Fensterplatz fallen. Der Bus fährt auf engen Straßen durch die grünen Berge, in kleinen Dörfern steigen überparfümierte Teenager ein, die Jugend aus den umliegenden Orten will in die Stadt, es ist immerhin Samstagabend. Am Bahnhof von Salerno finde ich den Bus nach Atrani, setze mich ganz nach hinten und packe mein Sandwich aus. Es ist schon fast vollständig dunkel und zufrieden kauend wackele ich meinem Ziel entgegen.

Atrani ist ein winziges Dorf mit genau 1002 Einwohnern, das sich in der Nachbarbucht von Amalfi zwischen zwei große Felsen klemmt. Ich steige aus dem Bus und sehe auf die beleuchteten, pittoresken Häuser, die einige Meter den Stein hinaufklettern, bevor nur noch blanker Fels zu sehen ist. Neben der Bushaltestelle führt eine Treppe in einem kleinen Gang abwärts, schlängelt sich durch die alten Mauern und auf einmal finde ich mich am Fuße der Treppe mitten in einer vollbesetzten Pizzeria. Der Platz, auf dem die Tische des fröhlich lärmenden Restaurants stehen, ist ganz von weißen Häusern gesäumt, nur durch einen niedrigen Bogen kann man die Wellen am Strand plätschern hören. Auf dem glatten Pflaster spielen zwei Gruppen Kinder Fußball, links hinten steht eine kleine Kapelle, aus der es gerade halb zehn schlägt. Als ich bald darauf selbst auf dem Platz vor einem großen Glas Wein sitze, lasse ich den Tag Revue passieren. Das Schicksal geschlagen, 250 Kilometer in 12 Stunden, am Ziel. Ich trinke mein Glas genüsslich aus und bestelle ein zweites.

13. MAI 2013 – ATRANI

Die hohen Klippen und grünen Berge vor dem weiten, ruhigen Blau sind für mich eine der schönsten Szenerien Europas. Zwei Tage wandere ich durch Dörfer an der Amalfiküste, schwimme im Meer, schnuppere an Blumen, schreibe, lese, werde braun, verspreche Almudena, bald mit ihr hierher zurückzukehren und freue mich schon jetzt auf gemeinsame Frühstücke auf einem der vielen kleinen Balkons hoch über dem Meer.

14. MAI 2013 – ATRANI – NEAPEL

Die Busfahrt von Atrani nach Salerno ist ein Erlebnis. Aus dem schmutzigen Fenster schaue ich abwechselnd glücklich aufs Meer und beunruhigt 50 Meter in die Tiefe, von der mich nur eine niedrige Mauer neben dem wackeligen Bus trennt. Das Hupen des Busfahrers in den engen Kurven tönt durch den Morgen und ich freue mich auf die Großstadt. In Salerno erwische ich einen frühen Zug und stehe bald darauf in der Metro von Neapel. Obwohl es im Hauptbahnhof der drittgrößten italienischen Stadt keinen Metroplan zu geben scheint, finde ich mein Hostel ohne größere Schwierigkeiten. Ich bekomme meinen Schlafsaal zugewiesen, das Hostel ist sauber und hat eine gemütlich Bar, die durch zwei weite Flügeltüren mit einem riesigen Innenhof verbunden ist. Dort stehen zwei große Palmen, eine Hängematte und Metalltische, in der Mitte liegt eine große Rasenfläche, auf der anderen Seite führt eine Außentreppe zu den Zimmern hinauf. Ich dusche mich, lasse mir an der Rezeption einen der üblichen Stadtpläne aus dünnem Papier geben und mache mich auf den Weg in die Stadt. Um sieben treffe ich Elisa Rotino, Professorin für politische Geschichte an der Universität Neapel.

Vor allem die vielen Studenten[14] machen Neapel zu einer sehr lebendigen Stadt. Die meisten der verschiedenen Universitäten liegen in der Altstadt, junge Menschen schlendern durch die engen Gassen, tragen Ordner und Bücher unter den Armen oder trinken Kaffee aus winzigen Tassen. Von vielen der alten Fassaden blättert der Putz, die Stadt ist nicht sauber, aber deutlich weniger schmutzig als ich erwartet hatte und mir gefällt der urtümliche Charme Neapels auf Anhieb. Auf der Piazza Bellini trinke ich eine Cola, meinen ersten Espresso habe ich schon auf dem Weg im Stehen eingenommen, und arbeite an meinem Fragenkatalog. Gewissenhaft passe ich meine Fragen an die italienische Situation an und verzichte, angesichts des Treffens mit dem gebildeten Neapel, auf Bier und Zigaretten. Auf dem Weg zu dem vereinbarten Treffpunkt vibriert plötzlich mein Handy. Es ist Elisa. Ich solle zur Port'Alba kommen, wo sie mit einigen Freunden hängengeblieben sei, und dort nach Pepe fragen. Ich verstehe nicht

---

14 Alleine die größte der neapolitanischen Universitäten, die „Universität Neapel Federico II", zählt über 100.000 Studenten.

genau, was Pepe sein soll, aber ein älterer Kellner unter dem Torbogen der Port'Alba klärt mich auf: Pepe ist der Besitzer der Bar auf der anderen Seite und kurz darauf werde ich dort überschwänglich von Elisa und ihre zwei Freunden begrüßt. Auf dem Tisch vor ihnen steht ein überquellender Aschenbecher, die drei bestellen gerade die zweite Flasche Wein und erleichtert lasse ich mich auf den freien Stuhl fallen. Die Bar ist laut und voller Studenten, unser Tisch steht direkt an einer offenen Flügeltür auf die Straße hinaus. Neben Elisa sitz eine ihrer Kolleginnen, die an der Universität Geschichte unterrichtet, und Alfredo, ein sympathischer Doktorand mit einem langen Pferdeschwanz und tiefen Ringen unter den Augen. Elisa selber wird bald darauf von zwei weiteren Freunden, die sich zu uns an den Tisch setzen, in Beschlag genommen, ich unterhalte mich daher vor allem mit ihrer Kollegin, die mich durch ihre kleine, runde Brille interessiert ansieht.

„Ich komme gerade aus Griechenland, wo die Situation sehr schwierig ist. Wie sehen Sie die Lage Italiens?"

„Auch hier haben sich die Dinge deutlich verschlechtert. Die Arbeitslosquote ist seit 2008 von 7% auf inzwischen 12 % gestiegen, die Wirtschaft im gleichen Zeitraum um 8% geschrumpft. Vor allem der weniger industrialisierte Süden Italiens ist betroffen. Aber von einer Situation wie in Spanien oder Griechenland, wo fast 30% der Menschen keine Arbeit haben, sind wir noch weit entfernt.[15] Im Norden Italiens liegt die Arbeitslosigkeit zum Beispiel noch durchgehend bei unter 10%."

„Trotzdem ist insbesondere die Jugendarbeitslosigkeit erheblich gestiegen. In Griechenland funktioniert vor allem die Familie als soziales Sicherungsnetz."

Sie nickt: „Ja, das ist in Italien ähnlich. Es existiert zwar Arbeitslosengeld und auch Sozialhilfe, der tatsächliche Zugang zu diesen Leistungen ist aber sehr schwierig. Die Verfahren um zum Beispiel Arbeitslosengeld zu erhalten dauern manchmal ewig. Im Grunde ist die Familie der Sozialstaat. Ich denke, das ist auch Ausdruck einer gewissen Mentalität. Man zeigt sich solidarisch mit der Familie, vielleicht noch mit dem Berufsstand, aber das Verantwortungsgefühl gegenüber dem Staat ist sehr eingeschränkt. Der Staat wird eher als eine Art Feind wahrgenommen, gegen den es sich zu verteidigen gilt."

Ich krame nun doch in meinem Rucksack nach meinem Notizbuch. Zwar passt akribisches Mitschreiben nicht zu der lauten Studentenbar, ein paar Stichwort will ich mir aber doch notieren.

„Was sind Ihrer Meinung nach die Gründe für die Krise in Italien?"

„Ich bin niemand von denen, die mit dem Finger ins Ausland zeigen. Die Probleme in Italien sind meiner Meinung nach größtenteils hausgemacht. Es gab schon in den

---

15 Die offizielle Arbeitslosenquote im Mai 2013 betrug in Spanien 26,9%, in Griechenland 27,6%.

80iger und 90iger Jahren deutlich zu hohe Staatsausgaben und vor allem viel zu viele Angestellte im öffentlichen Dienst. Zwar hat auch in Italien die Finanzkrise die öffentliche Verschuldung seit 2007 erheblich ansteigen lassen, anders als in den meisten der anderen Euroländern war der italienische Staat aber schon vor Ausbruch der Finanzkrise 2007 mit über 100% seines Bruttoinlandprodukts verschuldet."

Mit dem Notizbuch auf den Knien versuche ich, die wichtigsten Fakten aufzuschreiben, während um mich herum mehr und mehr Menschen in den kleinen Raum kommen und der Lärmpegel deutlich ansteigt.

„Vielen missfällt es in der augenblicklichen Situation, dass die EU in immer mehr Bereichen der nationalen Politik mitredet und teilweise erheblichen Druck aufbaut."

„Der Druck von außen kann helfen Dinge anzupacken, die sonst vielleicht nicht so konsequent angegangen würden. Aber es ist natürlich eine Illusion zu glauben, dass man alles in Brüssel regeln kann oder sollte. Externer Druck kann wie ein Impuls, ein Anstoß wirken. Aber gerade in so sensiblen Bereichen wie der Sozial- oder Rentenpolitik muss die Entscheidung, wie die Reformen konkret aussehen und umgesetzt werden sollen, dem Nationalstaat überlassen werden."

Plötzlich schließt der Kellner die Flügeltür neben uns und wir bemerken, dass am Ende der Bar ein Kontrabass und eine junge Frau vor einem langen Mikrophone stehen. Um uns herum beginnt es zu zischen, das laute Publikum wird ruhig und die junge Frau beginnt zu singen. Nach dem kurzen, aber schönen Konzert unterhalte ich mich noch eine Weile mit Alfredo und verabrede mich mit ihm für Morgen zum Mittagessen. Ich will gerade gehen, da steht auf einmal eine ältere Dame mit einem großen Hut am Tisch. Sie verkauft selbstgeschrieben Gedichte, klärt mich Alfredo auf. „Scheußliche Poesie. Aber eine nette Frau. Jeder hier kennt sie." Er lacht: „Verrücktes Neapel!"

Mit einer Flasche Wein im Rucksack und einer Pizza Diavola in der Hand komme ich um halb elf im Hostel an. In dem großen Innenhof ist es schon dunkel, ich setze mich in einigem Abstand von drei Zigarre rauchenden Amerikanern an einen der Metalltische. Nach der sehr guten Pizza klappe ich mein Laptop auf. Ein guter Freund hat mir einen Artikel aus der Süddeutschen geschickt, der über eine Studie des angesehenen Pew Research Center in Washington berichtet. Eine Meinungsumfrage in acht europäischen Ländern hat danach ergeben: Die Ansehen der Europäischen Union ist im Keller, nur 45% aller Europäer äußern sich positiv über die EU.[16] Mir fällt wieder ein, was die engagierte Leiterin der „Ameise" in Athen erzählt hat. 70% der Haushalte in Kypseli hatten diesen Winter keine Heizung, weil die Troika eine drastische Erhöhung der Heizölsteuer durchgesetzt hat.

---

16 Der Artikel ist abrufbar unter:
    www.sueddeutsche.de/politik/umfrage-unter-eu-buergern-deutsche-leben-mental-auf-ihrem-eigenen-kontinent-1.1671879

15. MAI 2013 – NEAPEL

Ich treffe Alfredo mit einer Freundin mittags vor der Universität „L'Orientale", einem alten Gebäude mit hohen Fenstern, an dem wie in Athen unzählige Plakate kleben. Die beiden führen mich in ein volles Restaurant, wo wir auf der Terrasse einen vorzüglichen Teller al dente Nudeln für drei Euro fünfzig essen und Alfredo von den Problemen der italienischen Studenten erzählt.

„Gott sei Dank hängen die Gebühren für das Studium vom Einkommen der Eltern ab. Wenigstens das entlastet die ärmeren Familien. Den täglichen Teller Nudeln muss man sich allerdings auch dann noch selber verdienen. Hier in Neapel arbeiten viele Studenten in den Bars oder Restaurants, leider fast ausschließlich schwarz und sehr schlecht bezahlt. Das ist problematisch, weil man von einem Tag auf den anderen ohne Lebensunterhalt dastehen kann und natürlich auch kein Arbeitslosengeld bekommt. Ich habe Glück. Meine Freundin kommt aus Finnland und so verbringe ich die Ferien bei ihr und arbeite dort als Pizzabäcker. So finanziere ich mir meine Promotion in Neapel", er zuckt mit den Achseln. „Schön, dass es möglich ist, problemlos zu reisen und überall zu arbeiten. Andererseits manchmal traurig, dass es notwendig ist."

Am Nachmittag haben die beiden Vorlesung und nehmen mich mit. Der Kurs heißt „Geschlechterrollen im Kino" und hat den Vorzug, dass der erste Teil des Unterrichts im Anschauen eines Filmes besteht. „Divorzio all'italiana"[17], Oscargewinner aus dem Jahr 1963, steht heute auf dem Programm und entspannt lehne ich mich in der letzten Reihe zurück. In dem unterhaltsamen Schwarz-Weiß-Film versucht ein Mann seine ungeliebte Ehefrau in ein Verhältnis mit einem anderen Mann zu verwickeln, um sich ihrer so durch einen Ehrenmord entledigen zu können. Nach anderthalb Stunden erklärt uns ein junger Professor mit Dreitagebart die Hintergründe. Er trägt ein modisches, blaues Hemd und sitzt vorne auf dem Lehrerpult.

„Die Komödie kritisiert natürlich einerseits die patriarchische, italienische Mentalität, andererseits aber ganz konkret die zu dieser Zeit geltenden Gesetze zu Ehe und Rechten der Frau. Man konnte sich nicht scheiden lassen,[18] die Untreue der Frau war genau wie der Verkauf der Antibabypille strafrechtlich sanktioniert und Ehrenmorde wurden aufgrund des berühmten Art. 587 des damaligen Strafgesetzbuches nur gering bestraft.[19] Das Konzept der Ehe ähnelte damit stark dem des Eigentums. Der Mann hatte das alleinige Recht zur „Nutzung" an der Frau und zur Verteidigung dieses Rechts. Zwar gab es in den 60iger Jahren in den meisten westeuropäischen Ländern bereits Demokratien. Das Familienbild war im Gegensatz dazu aber noch sehr antiquiert. Darum geht es in Divorzio all'italiana." Er steht auf und beginnt langsam durch

---

17 „Scheidung auf Italienisch".
18 Die Ehescheidung wurde in Italien erst 1974 durch ein Referendum möglich.
19 Der genannte Art. 587 wurde 1981 aus dem Strafgesetzbuch entfernt.

die wenigen Reihen vor und zurück zu gehen. „Diese gravierenden Diskriminierungen existieren, wie Sie wissen, heute nicht mehr. Trotzdem bemerkt man bei genauerem Hinschauen neue politische Entwicklungen, die gerade Frauen benachteiligen. Ein gutes Beispiel ist die radikale Sparpolitik im Bildungs- und Sozialbereich. Auf den ersten Blick würde man hier nicht sofort eine Benachteiligung vermuten. Faktisch arbeiten in diesen Sektoren aber deutlich mehr Frauen als Männer. Sie sind daher öfter von Kürzungen und Entlassungen betroffen. Außerdem müssen Frauen staatliche Leistungen in diesem Bereich öfter in Anspruch nehmen, etwa im Bereich der frühkindlichen Betreuung, um berufstätig zu bleiben. Fallen diese Leistungen weg oder werden zu teuer, müssen Frauen ihren Beruf aufgeben und werden so aus dem Arbeitsmarkt gedrängt.[20] Außerdem", er mach eine kurze Pause, „nimmt mit der schlechten wirtschaftlichen Lage auch die häusliche Gewalt gegen Frauen deutlich zu."

16. MAI 2013 - NEAPEL
Weil ich nicht jeden Tag Alfredo und Elisa in Anspruch nehmen möchte, sitze ich abends alleine im „Instituto Cervantes". In Kooperation mit dem deutschen Goethe Institut werden heute Texte von Rainer Maria Rilke gelesen und so beschäftige ich mich zum ersten Mal mit diesem bekannten deutschen Lyriker in einem spanischen Sprachinstitut in Neapel. Der Text wird zuerst auf Deutsch, dann auf Italienisch vorgetragen, besonders gut gefällt mir dabei die Italienerin, die vorne steht und die vorgelesenen Seiten einige Sekunde neben sich hält, um sie dann elegant aus ihrer Hand auf den Boden gleiten zu lassen. Im Anschluss gibt es eine Diskussion zu Rilke, der, was mir völlig neu ist, aufgrund seiner Mehrsprachigkeit als wahrer Europäer und außerdem als überzeugter Feminist galt. Obwohl mir Rilkes Prosa nicht so gut gefallen hat, bleibe ich noch und beobachte ein elegant gekleidetes Pärchen in der Reihe vor mir. Beide sind Ende 30, attraktiv und schauen scheinbar aufmerksam nach vorne, bei genauem Hinsehen bemerkt man aber, wie ihre Blicke immer wieder in die Ecken des kleinen Saals wandern, dort abwesend hängenbleiben und sich eine tiefe Resignation auf Ihre Gesichter zeichnet. Nach dem Ende der Veranstaltung schütteln sie einige Hände und verschwinden schnell in Richtung Ausgang. Ich folge Ihnen auf die Straße und sehe Ihnen nachdenklich hinterher.

18. MAI 2013 - NEAPEL
Samstagsmorgens frühstücke ich in dem sonnigen Innenhof labbrige Cornflakes und klicke mich auf meinem Laptop durch die Zeitungen. Ein Artikel des italienischen Phi-

---

20 Siehe hierzu eine Zusammenfassung von der Bibliothek des Europ. Parlaments: www.europarl.europa.eu/RegData/bibliotheque/briefing/2013/130441/LDM_BRI(2013)130441_REV1_EN.pdf

losophen Giorgio Agamben hat in den europäischen Medien für einiges an Aufsehen gesorgt und interessiert lese ich seinen Beitrag in der französischen „Libération"[21]. Agamben kritisiert darin die rein ökonomische Ausrichtung der EU und die dominante Politik der reicheren Staaten Europas, die den vielen ärmeren Ländern ihre Interessen aufdrücken. Die Politik in der Krise müsse die kulturelle Unterschiedlichkeit innerhalb Europas berücksichtigen und dürfe nicht ein universelles, marktliberales Verständnis von Wirtschaft und Staat zugrunde legen. Außerdem leide die EU an einem demokratischen Defizit, es habe so gut wie keine Volksabstimmung zum heutigen Europa gegeben und wo es sie gegeben habe, wie in Holland und Frankreich, sei sie negativ ausgegangen. Interessiert lese ich den Artikel zu Ende, nehme einen Schluck Kaffee und beginne mich dann der deutschen Internetpresse zu widmen. Nach kurzer Zeit stoße ich auf der Internetseite der Frankfurter auf einen Kommentar zu Agambens Beitrag und überrascht von der Aggressivität des Artikels lasse ich meine Cornflakesschüssel sinken.[22] „Berlusconis Philosoph liebt krude Thesen" steht dick über dem Text. Agamben „schwadroniere", sein „Stuss" enthalte „so viele Denkfehler, dass man gar nicht wisse, wo man anfangen solle", die „Phantasien ohne jeden empirischen Gehalt" und sein „pseudophilosophische Gerede" seien „willkürlich" und „verantwortungslos". Den Höhepunkt setzt der Autor dann zum Schluss: Agamben, immerhin Philosophieprofessor in Paris und einer der bekanntesten italienischen Philosophen der Gegenwart, „ sei selbst nicht in der Lage, auch nur zehn Minuten verständig über Demokratie oder Kapitalismus zu reden".

Nina ist Australierin und ihr verdanke ich es, dass ich meinen Samstagabend diesmal in Begleitung verbringe. In meinem Stammitaliener, es ist schon mein dritter Besuch, beobachten wir, wie unsere Pizzen in dem riesigen Steinofen verschwinden und nach nur zwei Minuten dampfend in die Pappkartons rutschen. Wir essen auf dem Piazza Dante auf einer Bank, teilen uns eine Flasche Wein und schlendern dann gemächlich Richtung Altstadt. Auf der Piazza Bellini ist fast kein Durchkommen, zu viele junge Italiener drängeln sich mit Bierflaschen in den Händen über die Bürgersteige, doch zum Glück ergattern wir in der vollen Bar an der Port'Alba denselben Tisch, an dem ich schon vor vier Tagen gesessen habe. Nina holt an der Bar eine weitere Flasche Wein und wir sitzen noch Stunden an der großen Flügeltür, rauchen, reden und beobachten den ausgelassenen Samstagabend in Neapel.

---

21   Den Artikel Agambens finden Sie unter: www.liberation.fr/monde/2013/03/24/que-l-empire-latin-contre-attaque_890916

22   Den Artikel der FAZ finden Sie unter: www.faz.net/aktuell/feuilleton/geisteswissenschaften/bald-lateineuropa-berlusconis-philosoph-liebt-krude-thesen-12183986.html

20. MAI 2013 – NEAPEL

Nach einem entspannten Sonntag in der Hängematte im Innenhof meines Hostels sitze ich Montag im Büro der „Clash City Workers" im ersten Stock der Universität „L'Orientale". Der hohe Raum hängt voller Plakate, in einer Ecke steht ein abgerissenes Sofa und auf dem Tisch neben meinem Notizbuch ein voller, kalter Aschenbecher. Ein Freund von Alfredo, den ich in der Pause der Kinovorlesung kennengelernt habe, hat mir eine Visitenkarte der Organisation zugesteckt und verraten, wann dort jemand anzutreffen ist. Zwei der Aktivisten, beide heißen Daniele und studieren Politikwissenschaft, haben Zeit für ein kurzes Gespräch.

„Was genau tut „Clash City Workers"?"

„Wir sind ein Netzwerk von kleinen, unabhängigen Gewerkschaften. Gemeinsam versuchen wir die Veränderungen der Arbeitsbedingungen zu analysieren und Widerstand gegen die immer weitere Beschneidungen der Arbeitnehmerrechte zu bündeln."

„Wie verändern sich die Arbeitsbedingungen im Augenblick?"

„Die beiden zentralen Elemente der augenblicklichen Reform sind die Verringerung der Arbeitskosten und die Flexibilisierung des Arbeitsmarktes. Das heißt Lohnkürzungen und Abbau des Kündigungsschutzes. Das Konzept kommt von der EU und heißt ironischerweise „Flexicurity"[23]. Diese Politik halten wir für falsch, weil sie einseitig Arbeitnehmer belastet. Darüber hinaus sind beispielsweise die Arbeitskosten in Italien im EU-Vergleich nicht überdurchschnittlich hoch."

Das Wort „Flexicurity" kenne ich aus meiner Zeit in Brüssel und ich vermerke interessiert, dass diese Terminologie es schon in eine kleine Arbeiterbewegung in Süditalien geschafft hat.

„In Deutschland liest man viel über Vetternwirtschaft und Gerichtsverfahren, die in Italien mehrere Dekaden dauern. Gibt es dort nicht Handlungsbedarf?"

„Definitiv." Diesmal antwortet der zweite Daniele, der mir gegenüber sitzt: „Der Klientelismus ist ein Problem. Ein Beispiel, das hier lange durch die Medien ging, sind die sizilianischen Förster. Die Region Sizilien beschäftigt 26.000 Hilfsförster, obwohl es auf der Insel kaum Wald gibt. So etwas geht natürlich nicht und hat in Italien für viel Empörung gesorgt. Abgesehen von solchen Extrembeispielen existieren aber Korruption und Vetternwirtschaft vor allem auf den höheren Ebenen in Politik und Wirtschaft, nicht im Leben eines Durchschnittsitalieners."

„Welche Rolle spielt Eurer Meinung nach die Europäische Union in der augenblicklichen italienischen Politik?"

---

23   Das Wort „Flexicurity" setzt sich zusammen aus den Worten „flexibility" (Flexibilität) und „security" (Sicherheit). Dieses Konzept soll nach Angaben der Europäischen Kommission die Flexibilität des Arbeitsmarktes und die Sicherheit des Arbeitsplatzes miteinander verbinden.

„Man merkt deutlich, dass die grundlegenden Entscheidungen von der EU getroffen werden. Die Leitlinien der Politik werden in Brüssel gemacht und sind immer gleich. Privatisierung von Staatseigentum, Senkung der Arbeitskosten, Kürzungen der Renten und Sozialausgaben."

„Hat diese Politik dem Ansehen der EU geschadet?"

„Die Wahrnehmung der EU hat sich definitiv verschlechtert. Die Europäische Union war früher ein Ziel, eine Vision, etwas Gutes. Jetzt...", er macht eine Pause und sieht seinen Kollegen an, bevor er fortfährt, „jetzt ist sie ein Problem. Jetzt ist sie eine Union, die uns eine wirtschaftsliberale Politik aufzwingt. Eine Union der Märkte, nicht der Menschen."

„Hat im Zug der Eurokrise auch das Ansehen anderer Länder gelitten, speziell Deutschlands?"

„Die öffentliche Meinung über Deutschland ist sicherlich, genau wie über die EU, deutlich negativer als noch vor vier Jahren. Primär richtet sich der Zorn der Menschen aber gegen die eigene, korrupte Politikerkaste. Das zeigt auch der Erfolg der Fünf-Sterne-Bewegung.[24] In ihrem Wahlprogramm kritisiert sie vor allem die italienische Politik und erhielt damit dieses Jahr bei ihren ersten Wahlen 25% der Stimmen."

Ich bin mit meinem Katalog durch und überlege kurz, ob ich die Frage, die mir gerade in den Sinn gekommen ist, stellen soll. Ich entscheide mich dafür.

„Eine letzte Frage. Bevor ich nach Italien kam, war ich in Griechenland. Der Widerstand und auch die Entrüstung über die Politik kam mir dort deutlich heftiger vor."

Ohne zu zögern antwortet Daniele, während sein Namensvetter mir gegenüber zustimmend nickt: „Es gibt viel weniger Widerstand als in Griechenland oder auch in Spanien. Zum einen sind die Reformen lange nicht so drastisch und kamen auch nicht so plötzlich wie in den anderen südlichen Ländern. Zum anderen geht es Italien wirtschaftlich noch besser als zum Beispiel Griechenland. Aber dass es anderen noch schlechter geht, ändert natürlich nichts an der Situation hier. In Italien leben 8,6 Millionen Menschen unter der Armutsgrenze, doppelt so viele wie noch vor zwei Jahren. Diese Tendenz ist sehr besorgniserregend."

Am Abend gönne ich mir eine Abschiedspizza bei meinem Italiener und esse sie auf der Piazza Dante. Tauben segeln über den weiten Platz, nur wenige Menschen schlendern umher und der Schrei eines kleinen Kindes, das den Vögeln hinterherjagt, tönt durch die Luft. Ich denke an meine Tage in Neapel, das ich bis vor einer Woche noch nie gesehen hatte. An den starken Kaffee aus den winzigen, heißen Tassen, an die zigtausend Studenten und den altehrwürdigen, süditalienischem Charme. Langsam esse ich meine Pizza zu Ende und nehme mir vor, unbedingt wiederzukommen.

---

24 Das „MoVimento 5 Stelle" (zu Deutsch: Fünf-Sterne-Bewegung) ist eine politische Partei in Italien, die 2009 von dem Komiker Beppe Grillo gegründet wurde.

21. MAI 2013 – NEAPEL – ROM

Obwohl ich am Trampen Gefallen gefunden habe, entscheide ich mich gegen einen Tag an der Autobahn und nehme den Zug nach Rom. Mir bleiben lediglich vier Tage bis ich nach Lissabon fliege, außerdem kostet der Zug nur elf Euro. Das Hostel in Rom ist sauber, die Frau an der Rezeption, eine blonde Rumänin, rattert die üblichen Informationen herunter wie ein Maschine, lacht aber herzlich, als ich beginne genauso zu reden. Abends nehmen mich Adriana und ihrer Freundin, zwei Römerinnen, die ich beide vor ein paar Tagen im Innenhof meines Hostel in Neapel kennengelernt habe, in ein lautes, volles Restaurant mit. Der Kellner, ein herrlicher alter Grießgram, stützt beide Hände auf den Tisch und zieht geräuschvoll die Nase hoch, bevor er die Tagesgerichte aufzählt. Ich habe Lust, ihm einen dicken Schmatzer auf die hängenden Wangen zu drücken, kann mich aber beherrschen und bestelle Fisch. Nach dem Essen stellt der Kellner wortlos eine Flasche Grappa auf den Tisch. Adriana plädiert dafür sie leerzumachen, aber nach zwei Gläsern verabschiede ich mich. Morgen früh habe ich meinen ersten Termin in Rom.

22. MAI 2013 – ROM

Frau Rossi (Anm.: Der Name wurde auf Wunsch geändert) ist halbe Italienerin und halbe Deutsche, hat lange blonde Haare, blaue Augen und einen breiten, grauen Schal um die Schultern geschlungen. Sie empfängt mich in einem großen Konferenzsaal an einem langen Tisch und hört mir aufmerksam zu, wirkt aber gleichzeitig etwas distanziert. Vor ihren Antworten macht sie kurze Pausen und ist sichtlich bemüht, zu kritische Kommentare zur augenblicklichen Politik zu vermeiden. Trotzdem wird sie im Verlaufe des Gesprächs immer deutlicher.

„Frau Rossi, in Neapel habe ich mit Gewerkschaftern geredet. Dort wurde mir gesagt, dass die italienische Reformpolitik einseitig Arbeitnehmer und wirtschaftlich Schwächere belastet. Sehen sie das auch so?"

„Die Politik ist sozial nicht ausgeglichen. Zwar muss der Arbeitsmarkt flexibilisiert und auch die Verwaltung effektiver werden, trotzdem sind eine ganze Reihe von Maßnahmen kritikwürdig. Die Rentenreform, aber auch die Erhöhung der Mehrwertsteuer und die Einführung der Immobiliensteuer treffen ganz überwiegend die wirtschaftlich schwächeren Schichten. Die Immobiliensteuer wurde auch noch im November, also kurz vor Weihnachten, erhoben. Ein schlechter Zeitpunkt."

„Aber eine Immobiliensteuer trifft doch nur die, die sich eine eigene Immobilie leisten können."

„In Italien hat das eigene Heim traditionell einen sehr hohen Stellenwert. 80% der Italiener wohnen in Immobilien, die Ihnen gehören. In Deutschland kauft man sich zuerst ein Auto, hier eben eine kleine Eigentumswohnung. Daher trifft eine Immobiliensteuer alle gesellschaftlichen Schichten. Und die geringer Verdienenden natürlich härter."

„Viele machen die EU für die unsoziale Politik verantwortlich."
„Ob die Immobiliensteuer eine Idee der EU war, weiß ich nicht. Generell hat sich die Meinung zur Europäischen Union aber verschlechtert, vor allem weil auf einmal so vieles in Brüssel entschieden wird. Das Symbol für diese fremdbestimmte Politik ist natürlich Mario Monti.[25] Er ist ehemaliger EU-Kommissar und wurde nie gewählt, hat Italien aber anderthalb Jahre regiert. Bei den Wahlen dieses Jahr erhielt die von ihm gegründete Partei „Scelta Civica", auf Deutsch Bürgerliche Wahl, dann 8% der Stimmen. Das zeigt deutlich, wie wenig seine Regierung den Willen der Italiener repräsentierte."
Erstaunt über so viel Offenheit bohre ich nach. „Wie sehen Sie den Zustand der italienischen Demokratie generell?"
Frau Rossi zieht ihren Schal fester um die Schultern und zögert etwas länger als sonst, bevor sie antwortet: „Wie die Regierung Monti zeigt, ist ein Mangel an Demokratie vorhanden. Auch die Rentenreform, die man in nur zwei Wochen durch das Parlament gedrückt hat, ist ein Beispiel. Einer solch komplizierten Reform hätte man mehr Zeit geben sollen, um sie ausgewogen und demokratisch zu gestalten. Solche Entwicklungen sind generell nicht wünschenswert."
Ich schaue auf mein Handy und bemerke, dass die wenige Zeit fast um ist. „Noch eine Frage zur Rolle der Medien. Sie lesen bestimmt deutsche Zeitungen und sehen deutsche Nachrichten. Wie empfinden Sie die Berichterstattung über Italien?"
„Ich bin oft in Deutschland und verfolge natürlich auch hier die deutsche Berichterstattung. Mein Eindruck ist, dass die deutschen Medien relativ einseitig und unausgewogen berichten. Ich bemerke dass in Gesprächen mit Deutschen. Als Italienerin, die ich nun mal auch bin, muss ich mich für mein Land rechtfertigen. Das stört."

Zuerst bin ich etwas enttäuscht. Nach fünf Minuten auf der Campo de' Fiori fängt es an zu regnen und ich bin gezwungen, einem der vielen, plötzlich auftauchenden Regenschirmverkäufer fünf Euro in die Hand zu drücken. Nach 15 Minuten ist mein Schirm kaputt und ich stehe mit 20 anderen Touristen zusammengedrängt unter der Markise eines Geschäftes. Dario (Anm.: Der Name wurde auf Wunsch geändert) ist noch immer nicht da und langsam gebe ich die Hoffnung auf, doch da sehe ich wie zwei hochgezogenen Schultern unter einem kleinen Schirm eilig durch den Regen auf mich zukommen. „Hi! Ich bin Dario!" Wir schütteln uns die nassen Hände. „Sorry, bei einem Treffen mit einem Deutschen zu spät zu kommen ist wirklich taktlos." Ich muss lachen und bedanke mich für sein Kommen, immerhin nimmt er sich Zeit für einen völlig unbekannten Freund eines Freundes einer Cousine eines Freundes, wie ich finde

---

25 Mario Monti war von November 2011 bis April 2013 Ministerpräsident Italiens und regierte mit einem Kabinett aus parteilosen Fachleuten. Er übernahm das Amt des Ministerpräsidenten 2011 von Berlusconi, der zurückgetreten war.

keine Selbstverständlichkeit. Er führt mich in eine kleine Bar in der Nähe, das Café Peru. Sofort fällt mir auf, dass sich hier fast keine Touristen aufhalten, sondern viele junge Italiener an schlichten Tischen sitzen, sich angeregt unterhalten oder beschäftigt auf Papierblöcke schreiben. Ich bestehe darauf, das Bier am Tresen zu holen und wir setzen uns in eine Ecke. Dario hat einen roten Bart, eine große Brille und spricht Englisch mit britischem Akzent, den er sich während seines Journalismusstudiums in London angeeignet hat. Außer seiner Zeit in England hat er ein Erasmussemester in Berlin verbracht und sechs Monate in Kairo eine Dokumentation über die ägyptische Revolution gedreht. Als ich von Griechenland und meinen Eindrücken in Italien erzähle, schaut er mich überrascht an.

„Natürlich geht es uns besser als Griechenland. Bei den katastrophalen Zuständen dort ist das aber nicht sehr tröstlich. Denn auch hier in Italien ist es für junge Menschen sehr schwierig. 40% von Ihnen haben keinen Job." Dario nimmt einen Schluck Bier und starrt einen Moment lang an die Wand, bevor er fortfährt: „Ich bin fast 30 und habe keine Perspektive, mir in absehbarer Zeit ein normales, von meinen Eltern unabhängiges Leben leisten zu können. Nicht sehr angenehm." Er streicht sich die wirren Haare aus der Stirn, atmet tief durch und sieht mich dann an: „Und Du? Was fragst Du die Leute so, mit denen Du sprichst?"

„Vor allem Fragen zur EU, zur Meinung über Deutschland, zur aktuellen Politik in dem jeweiligen Land..."

„Zur EU kann ich eigentlich nichts sagen. Ich habe nicht das Gefühl, dass ich wirklich verstehe, wie welche Entscheidungen in Brüssel getroffen werden. Es wird auch wenig Substanzielles darüber berichtet."

„Aber", ich versuche ein wenig mehr aus ihm herauszuholen, „wird nicht der Austritt aus dem Euro in den Medien diskutiert?"

„Die Idee des Austritts taucht immer wieder auf. Was es für ökonomische Folgen hätte, kann ich nicht beurteilen. Ich habe schon gelesen, dass es Italien auf lange Sicht helfen könnte. Die Produktion in Italien würde billiger werden. Generell habe ich aber vor allem den Eindruck, dass die Horrorszenarien, die im Falle eines Austritts vorhergesagt werden, eine politische Taktik sind. Es werden bewusst Ängste geschürt, um eine bestimmte Politik ohne große Diskussion durchzusetzen."

Wir beschließen, eine kurze Pause zu machen und stellen uns an die Tür, um zu rauchen. Es nieselt noch immer und der Geruch von Regen und Großstadt liegt in der Luft. Als wir nach der Zigarette wieder am Tisch sitzen, kommt ein Freund von Dario dazu. Er spricht leider wenig Englisch, hört aber trotzdem interessiert zu, als Dario fortfährt.

„Zur nationalen Politik: Ich, und ich glaube viele andere, fühlen sich nicht repräsentiert. Natürlich ist Monti das beste Beispiel dafür. Keiner wollte ihn, keiner hat ihn je gewählt, trotzdem war er anderthalb Jahre lang Ministerpräsident, gleichzeitig übrigens acht Monate Wirtschafts- und Finanzminister und sogar einen Monat Außen-

minister. Daneben bestand sein gesamtes Kabinett bekanntermaßen aus parteilosen Technokraten." Er nimmt den letzten Schluck von seinem Bier: „Was soll man von so etwas halten?"
Aufgrund der fortgeschrittenen Zeit, es ist inzwischen zehn, beschließe ich, ihn nicht weiter mit Fragen zu löchern. Sein Freund wird außerdem langsam unruhig und Dario erklärt mir, dass dieser nach langem Suchen endlich eine bezahlbare Wohnung für sich und ein befreundetes Pärchen gefunden hat, was nun aber überlegt sich zu trennen. Alleine kann er sich die Wohnung nicht leisten, in einer Stunde muss er dem Vermieter endgültig zusagen und wartet daher zunehmend nervös auf Nachricht von dem zerstrittenen Paar. Ich wünsche ihm in äußerst gebrochenem Italienisch viel Glück, bedanke mich bei Dario und springe über die Pfütze vor dem Café Peru in Richtung Hostel.

23. MAI 2013 – ROM

Mein Gesprächspartner ist Ökonom und ehemaliger Berater des Finanzministeriums, weswegen ich mich über die 40 Minuten Wartezeit auf der verregneten, grauen Piazza Indipendenza nicht ärgere. Der große, in enge und teure Klamotten gesteckte 30jährige verliert allerdings bei der Begrüßung kein einziges Wort der Entschuldigung über die deutliche Verspätung, was ich dann doch ein wenig unhöflich finde. Kurze Zeit später sitzen wir in einem edlen Kaffee mit hohen Decken und Marmorfußboden, mein Gegenüber lässt abwechselnd seine schneeweißen Zähen aufblitzen und saugt an seinem Eiskaffee. Er hat ein etwas längliches aber attraktives Gesicht, unter den Augen zeichnen sich jedoch schon deutlich zwei Tränensäcke ab. Nach seiner Beratertätigkeit im Finanzministerium hat er nun eine Firma gegründet, die sich mit Lobbying und Politikanalyse beschäftigt, und schnell zaubern die langen, manikürten Finger eine Visitenkarte auf den Tisch. Als er anbietet, mir eine Stelle bei einer Industrielobby in Deutschland zu vermitteln, beschließe ich, dass es nun Zeit für ein paar inhaltliche Fragen ist. Auf die Reformpolitik angesprochen erzählt er mir etwas von übermächtigen Gewerkschaften und Investitionshindernissen durch den komplizierten italienischen Föderalismus. Etwas verwundert notiere ich diese Antwort, versuche es mit einem allgemeineren Thema und frage, was er von der so viel kritisierten Expertenregierung Monti hält. Zwei blaue Augen schauen mich verständnislos an, darüber zieht sich eine sonst glatte Stirn in Falten. Es sei eine schwierige Phase, bringt er schulterzuckend hervor, und viele Ministerien von Technokraten besetzt. Doch problematisch sei doch vor allem, dass Italien ein veralteter und dekadenter, westeuropäischer Staat sei. Ich versuche mein Erstaunen zu verbergen und befrage ihn hoffnungsvoll zu einem reinen Finanzthema, der für Italien so bedeutenden Europäischen Zentralbank. Er streicht sich gekonnt den Pony aus der Stirn. Das viele Geld der EZB beruhige die Märkte, Dragi sei diese vernünftige Politik zu verdanken und selbstverständlich, er faltet bedächtig die Hände, bewege sie sich im Rahmen ihres Mandates. Obwohl ich warte, hat er auch hierzu nicht mehr zu sagen und da er schon mehrfach auf die Uhr gesehen hat, klappe ich resigniert mein Notizbuch zu. Mein Angebot, den Kaffee zu bezahlen, nimmt er dankend an, verabschiedet sich eilig und ich setze mich wieder zu meinem kleinen Rest Cappuccino. Hinter dem großen Fenster sehe ich, wie der schneidige Ökonom in seinem Armani-Anzug über den Platz eilt. Sauer bezahle ich die Rechnung und mache mich auf den Weg.

Am Nachmittag haben sich die Wolken am Himmel verzogen und so sitze ich draußen auf der Piazza del Fico, einem kleinen Platz in der Nähe des Campo de' Fiori. Nur eine Gruppe alter Männer hat am Nebentisch Schach gespielt, als ich mich hingesetzt habe um zu lesen. Inzwischen aber sind drei Stunden vergangen, die Bar und die Terrasse sind gerammelt voll, Gruppen mit Biergläsern stehen davor, der ganze Platz hat sich von einer ruhigen Idylle in eine laute Menge plappernder, trinkender Menschen verwandelt. Auch ich bin wieder besser gelaunt, der Ärger über mein morgendliches Treffen hat sich über den Tag gelegt, und ich schaue in das schmale Stück Himmel über mir. Kennen Sie den spanischen Spruch: Man muss lesen, wie ein Huhn trinkt? Hin und wieder also, wenn eine Passage eines guten Buches mir besonders gefällt, lege ich es zur Seite und versuche zu ergründen, was genau mich berührt. Die folgende Passage ist der Grund, warum „I Promessi Sposi"[26] gerade aufgeschlagen neben mir liegt und ich grübelnd die Schwalben beobachte:

„Aber was ist die Geschichte, pflegte Don Ferrante zu sagen, ohne die Politik? Eine Führerin, die voranschreitet, ohne dass ihr jemand folgt, dem sie den Weg zeigt, und mithin ihre Schritte vergeudet; so wie die Politik ohne Geschichte jemandem gleicht, der führerlos voranschreitet."

Ich nehme einen Zug von meiner Zigarette, blase den Rauch in Richtung Himmel und schaue dann konzentriert auf das Haus mir gegenüber. Nach einer Weile lege ich freudig den Finger an die Nase, bringe meine Gedanken zu Papier und wende mich wieder Manzoni zu.

24. MAI 2013 – ROM

Für meinen letzten Tag in Rom konnte ich noch zwei Termine bekommen und vor allem auf den ersten bin ich sehr gespannt. An der Sicherheitskontrolle muss ich meinen Personalausweis abgegeben und kaum habe ich auf dem Stuhl hinter der Glastür Platz genommen, öffnet sich schon eine Tür gegenüber. Mein Gesprächspartner, ein

---

26 „I Promessi Sposi" (in der neueren Übersetzung „Die Brautleute") ist ein historischer Roman des italienischen Autors Alessandro Manzoni. Er erschien erstmalig im Jahr 1827.

gutaussehender blonder Mann in den 30igern, trägt einen eleganten aber nicht offensichtlich teuren Anzug und spricht ruhiges, perfektes Englisch. Er führt mich in einen kleinen Konferenzraum und nachdem er mir eine kleine Flasche kaltes Wasser geholt hat, beginnen wir:

„Die Reformen, so wurde mir von vielen Seiten zugetragen, würden vor allem die sozial Schwächsten belasten. Trifft das zu?"

„Die Reformen in Italien sind aus ökonomischer Sicht richtig. Sie beruhigen die Märkte und senden eine positive Botschaft."

„Wären andere Maßnahmen möglich gewesen, um die härtesten Einschnitte zu verhindern?"

„Sparmaßnahmen haben einen zentralen Vorteil: Sie garantieren einen bestimmten Betrag mehr in der Staatskasse. Geld, was nicht ausgegeben wird, ist am Ende auf jeden Fall da. Bei Steuererhöhungen ist das tatsächliche Plus für den Haushalt weniger sicher. Es hängt vor allem von der wirtschaftlichen Entwicklung ab." Fasziniert bemerke ich, wie seine wohlüberlegten und langsam formulierten Sätze nach unumstößlicher Wahrheit und reiner Vernunft klingen.

„Es wurde in allen Krisenstaaten im Grunde das gleiche Rezept angewendet - höhere Konsumbesteuerung, Flexibilisierung des Arbeitsmarktes, Senkung der Produktionskosten, Austeritätspolitik. Die Länder haben allerdings sehr unterschiedliche Wirtschaftsstrukturen. Nur ein Beispiel: In Griechenland wird 70% des BIP von kleinen Dienstleistern und Warenverkäufern erwirtschaftet, weswegen eine exorbitante Konsumbesteuerung für eine solche Wirtschaft desastöse Auswirkungen hat. Ist die Krisenpolitik nicht differenziert genug?

„Es gibt einen internationalen Konsens darüber, dass das, was passiert, richtig ist."

Er holt etwas aus und spricht eine Weile über diesen internationalen Konsens, ohne allerdings konkret auf die Frage zu antworten. Ich bemerke es erfreut, denn so bietet sich mir die Gelegenheit, einen neuen Trick zu probieren. Deutlich lesbar, aber nicht zu groß, schreibe ich „Not answering question" in mein Notizbuch, während ich bestätigend nicke. Es klappt.

„Und um nun konkret auf Ihre Frage einzugehen. Es gab einfach ein Zeitproblem, einen enormen Druck. Der drohende Staatsbankrott zwang zu schnellen Maßnahmen, die dann vielleicht im Einzelnen weniger differenziert ausgefallen sind, als wünschenswert."

„Ein gutes Stichwort. Dieser Druck, der eine differenzierte Politik verhindert, kann man ihn in irgendeiner Weise vermindern?"

„Nein, das scheint mir nicht möglich."

„In dieser Situation, die nun schon mehrere Jahre anhält, kommen auch die parlamentarischen Verfahren immer mehr unter Druck. Kann Politik in Zukunft demokratisch funktionieren?"

„Wenn ein Land unter Druck ist, funktioniert Demokratie nicht."
Ich hebe die Augenbrauen: „Ich gehe davon aus, dass Sie mit dieser Aussage nicht zitiert werden wollen?"
„Definitiv nicht."
„Die hohen Zinsen, die die Krisenländer für Ihre Kredite zahlen müssen, sind auch durch die Angstreaktion auf den Märkten entstanden, die sich im Anschluss an die Pleite von Lehmann Brothers[27] entwickelte. Wäre ein deutlich strengeres Regime für diese Märkte nicht ein Weg?"
„Bestimmt. Aber das würde nur global funktionieren und dafür sehe ich keine realistische Chance. Eine Finanztransaktionssteuer[28] beispielsweise kann vielleicht als politisches Zeichen in der EU vernünftig sein, nur in Europa macht sie aber ökonomisch keinen Sinn."
„Zurück zum Beginn der Krise. Gab es eine Alternative zum großangelegten Bankenbailout[29]?"
„Nein."
„Der Banken-bailout hat in Irland, Spanien und Zypern zum Staatsbankrott geführt. In Zukunft wird der Europäische Stabilitätsmechanismus[30], der aus europäischen Steuergeldern besteht, direkt Geld an marode Banken vergeben. Sollte man nicht eher versuchen in Zukunft zu vermeiden, dass vor allem große Banken mit Steuergeld gerettet werden?"
„Definitiv. Ich denke, dass die EU, speziell mit der neuen Bankenaufsicht, genau dies zu tun versucht."
„Dass die neue Bankenaufsicht wirklich nachhaltig helfen wird, den Europäischen Bankensektor zu stabilisieren, wird oft bestritten. Die neue Bankenaufsicht ist beispielsweise bei der Europäischen Zentralbank angesiedelt, was nach Ansicht vieler Experten einen enormen Interessenkonflikt darstellt und eine effektive Aufsicht verhindert."[31]

---

27 Lehman Brothers war eine der größten Investmentbanken der USA, die im September 2008 bankrott erklären musste und damit maßgeblich zur globalen Finanzkrise beitrug.

28 Die Finanztransaktionssteuer ist eine geringe Steuer auf Finanztransaktionen, die primär auf die Entschleunigung und damit auf die Stabilisierung der Finanzmärkte zielt.

29 Banken-Bailout bezeichnet die Rettung angeschlagener Finanzinstitute mit öffentlichen Geldern.

30 Der Europäische Stabilitätsmechanismus (ESM) ist ein Organ, das Kredite an Mitgliedstaaten der Eurozone vergeben kann. Insgesamt sind bis zu 500 Milliarden Euro an Krediten möglich. Der ESM wird von den Mitgliedstaaten der Eurozone finanziert.

31 Siehe hierzu den Bericht 2/2013 „Towards Deeper Financial Integration in Europe: What the Banking Union Can Contribute" des „Sachverständigenrat zur Begutachtung der gesamtwirtschaftlichen Entwicklung" (sog. „Wirtschaftsweisen"). Das Gutachten analysiert die Probleme der neuen Bankenaufsicht, insb. die fehlende Unabhängigkeit.

Er überlegt kurz, bevor er antwortet: „Ja, es gibt eine Reihe von Problemen."
„Hat sich die Meinung über die EU in Italien verschlechtert?"
„Verschiedene Politiker, vor allem Berlusconi, haben versucht, die EU für die Probleme verantwortlich zu machen. Aber Umfragen zeigen, dass die EU nicht weniger Zuspruch in der Bevölkerung genießt."
Ich runzele die Stirn und versuche es etwas plastischer zu machen: „Ich gebe Ihnen ein Beispiel: In Athen habe ich ein Nachbarschaftsprojekt besucht, wo Folgendes berichtet wurde: Aufgrund der von der Troika durchgesetzten Erhöhung der Heizölsteuer konnten in dem betreffenden Viertel 70% der Haushalte im Winter ihre Wohnungen nicht mehr heizen. Wie soll man die Leute von einem politischen Projekt überzeugen, was sie zwingt im Winter zu frieren?"
„Ich denke, diese Maßnahmen hätte die griechische Regierung in jedem Fall treffen müssen, nur kann sie jetzt anderen die Schuld dafür zuschieben. Trotzdem kann es aber natürlich sein, dass einzelne Maßnahmen überdacht werden müssen."
Auf der anderen Seite des runden Tisches dreht sich in immer kürzeren Abständen der Arm meines Gegenübers und eine Uhr wird sichtbar.
„Nur noch drei kurze Fragen, wenn Sie erlauben."
„Natürlich."
„Verstoßen die Hilfspakte gegen die No-Bailout-Klausel[32]?"
„Wohl schon. Aber das ist natürlich nur meine ganz private Meinung."
„Verletzt die Europäische Zentralbank ihr Mandat dadurch, dass sie Staatsanleihen von Eurostaaten kauft und diese so faktisch finanziert?
„Zur EZB denke ich, dass sie noch mehr tun sollte."
„Gerade auf europäischer Ebene spricht man viel von möglichen Zukunftsvisionen für Europa. Denken Sie, man sollte noch mehr Kompetenzen auf die EU übertragen?"
Er lächelt. „Nein. Vor allem denke ich, dass das weder in Ihrem noch in meinem Land gewollt wird."
Ich bedanke mich höflich und er bringt mich zum Ausgang, wo er noch demütig erklärt zu hoffen, mir zu meiner Zufriedenheit geholfen zu haben. Mit den Händen in den Hosentaschen schlendere ich Richtung Hostel und wundere mich. Der junge Mann war mir eigentlich sehr sympathisch.

Das Wi-Fi im meinem Hostel funktioniert nicht einwandfrei, auf meinem Hochbett schaffe ich es aber trotzdem, einen sehr interessanten Beitrag auf Spiegel.de aufzurufen. Die einfallsreiche Redaktion hat bekannte Intellektuelle aus Frankreich, Grie-

---

32 Die sogenannte „No-Bailout-Klausel" (auf Deutsch „Nichtbeistands-Klausel") befindet sich in Art. 125 des AEUV und besagt, dass Mitgliedstaaten nicht für die Schulden anderer Mitgliedstaaten haften dürfen.

chenland, Portugal und Spanien um eine Einschätzung gebeten: Was denkt man in ihrer Heimat über die deutsche Politik?[33] Der spanische Beitrag gefällt mir am besten und gewissenhaft notiere ich den Namen der Autorin: Soledad Gallego-Díaz.

Am späten Abend trudelt eine Gruppe Mexikaner ein, die in den Hochbetten um mich herum nächtigt. Einer von ihnen, Nacho, erzählt hinreißend lustig Geschichten von Frauen und durchzechten Abenden. Wir verstehen uns auf Anhieb und sitzen bald in einer schäbigen Bar um die Ecke, wo wir bis in die Morgenstunden reden und Whisky trinken.

25. MAI 2013 – ROM

Mit einem heftigen Kater verspüre ich große Lust auf die Anonymität eines riesigen Flughafens. Ich ziehe meine Jogginghose an, packe und fahre vier Stunden zu früh zum Flughafen, wo ich in einer Cafeteria mit Blick auf das Rollfeld auf meinen Flug warte. Die Zeit auf der Reise ist schnell vergangen und wehmütig denke ich an die zwei Wochen Athen, den kleiner Campingplatz auf der Peloponnes, die Fähre, Süditalien, Anhalterfahren und die Amalfiküste, Neapel und Rom. Draußen auf der Rollbahn hebt ein Flieger ab und ich sehe ihm gedankenverloren nach. Auf einmal verschwindet der melancholische Ausdruck von meinem Gesicht. Ich stecke mir meine Kopfhörer in die Ohren und drehe die Lautstärke auf.

---

33   Sie finden den Artikel unter: www.spiegel.de/kultur/gesellschaft/euro-krise-was-europas-intellektuelle-ueber-deutschland-denken-a-901310.html

VIERTES KAPITEL
PORTUGAL

25. MAI 2013 – LISSABON

Der letzte Bus zu meinem Hostel ist gerade weg und so fahre ich mit der Metro durch die lebendige Samstagnacht von Lissabon. Am Praça dos Restauradores muss ich die enge, steile Straße, die man tagsüber mit einer der kleinen Straßenbahnen hinauffahren kann, schwerbeladen selber hinauflaufen und außer Atem trete ich oben auf einen großen Platz hoch über Lissabon. Ein leichter Wind lässt die Blätter der vielen Bäume rascheln, von links dringt der Lärm des ausgelassenen Wochenendes im Barrio Alto über den Platz. Ich stelle mich an das Geländer und lasse meinen Blick über die gelb beleuchteten Häuser bis hinaus aufs Meer schweifen. Nach einer Weile kann ich mich von dem eindrucksvollen Ausblick losreißen und wandere über den Platz zur Nr. 81. „The Independente" ist definitiv das beste Hostel meiner Reise. Der Gemeinschaftsraum muss an die 80 m² groß sein und ist mit Bogenlampen, Couchen, tiefen Sesseln und Sitzkissen ausgestattet. Auf dem Dielenboden in den Zimmern stehen dreistöckige Hochbetten aus Holz, leider bekomme ich, trotz meines Wunsches direkt unter dem Stuck der hohen Decke zu nächtigen, ein Bett ganz unten. Ich verstaue mein Gepäck und entschließe mich noch zu einer kurzen Tour durch das Barrio Alto. Glücklich schlängele ich mich durch das Gedränge, alle Gassen und die unzähligen kleinen Bars sind voller Menschen mit Plastikbechern in der Hand, man hört laute Stimmen auf Englisch, Portugiesisch oder Spanisch und immer wieder umhüllen mich die Rauchwolken der vielen kreisenden Joints. Trotz der Aussicht auf eine betrunkene Nacht in dem fröhlichen Getümmel entscheide ich mich nach einem Bier dafür, ins Bett zu gehen. Die vielen Whiskys an dem schmutzigen Tresen in Rom stecken mir noch in den Knochen, außerdem will ich an meinem freien Sonntag weiter Lissabon erkunden.

26. MAI 2013 – LISSABON

Ein gemächlicher, sonniger Tag lässt meine Sympathie für die portugiesische Hauptstadt weiter steigen. Ich besuche zwei der vielen Aussichtspunkte, blicke über die Stadt, trinke Kaffee und schlendere durch das Zentrum zum Hafen. Nachdem ich eine Stunde Musik gehört und sehnsüchtig auf das Meer hinausgeschaut habe, mache ich mich früh auf den Heimweg. Mich erwartet eine anstrengende Woche.

27. MAI 2013 – LISSABON

Leider muss ich auf meinen ersten Gesprächspartner etwas warten, weswegen ich auf einer Mauer am Rande eines Parks sitze und mein ersten Buch für Lissabon in den Händen halte: „Der anarchistische Bankier" von Fernando Pessoa[34]. Interessiert beginne ich mich in das Buch zu vertiefen und erinnere mich erst nach zehn Minuten plötzlich daran, dass ich einen Termin habe. Eilig stecke ich das Buch in den Rucksack und mache mich auf.

„Wenn ein Land kein Geld mehr hat, gibt es fünf Möglichkeiten: Möglichkeit 1: Sie fahren die Staatsausgaben zurück - also Austerität. Möglichkeit 2: Sie kurbeln das wirtschaftliche Wachstum an, um mehr Steuern einzunehmen. Möglichkeit 3: Sie erhöhen die Steuern, um so zu mehr Geld zu kommen. Möglichkeit 4: Sie bezahlen ihr Schulden ganz oder teilweise nicht. Möglichkeit 5: Sie verlassen die Eurozone. Nun:", er macht eine kurze Pause und schiebt seine kleine Brille höher auf die Nase, „die letzte Option ist politisch nicht gewollt. Folglich ist die Antwort auf Finanzierungsprobleme eines Staates gewöhnlich eine ausgewogene Mischung aus den vier verbleibenden Optionen." Seine Augen wirken durch die dicken Gläser winzig, er sieht mich interessiert an und wartet geduldig, bis ich seine strukturierte Analyse zu Papier gebracht habe. Wir sitzen im sechsten Stock direkt am Fenster und schauen über die Stadt aufs Wasser, in der kleinen Tasse neben mir klebt nur noch der braune Schaum eines vorzüglichen Kaffees. Ernesto (Anm.: Der Name wurde auf Wunsch geändert) ist etwas größer als ich, dünn, und hat ein längliches, schmales Intellektuellengesicht. Er spricht langsam und unaufgeregt, als ginge es um eine Partie Schach, trotzdem ist er mir sympathisch.

„Sozial Ungerecht?" Ernesto schaut kurz aus dem Fenster, bevor er antwortet: „Man muss den öffentlichen Haushalt ausgleichen. Dafür gibt es, wenn man Einschnitte vorzieht, nur zwei wesentliche Stellschrauben. Die Renten und den Sozialbereich. Der Rest ist Peanuts." Er trinkt langsam seinen Kaffee aus, während ich mich über mein Notizbuch beuge.

„In Griechenland hat die strenge Austeritätspolitik zu einer Schrumpfung der Wirtschaft um 25% sowie einer Verdreifachung der Arbeitslosigkeit geführt. Kann eine solche Politik richtig sein?"

„Die Auswirkungen auf die Wirtschaft waren sicherlich sehr negativ.[35] Vergessen Sie darüber hinaus nicht: der Schuldenstand wird im Vergleich zum Bruttoinlandsprodukt gemessen. Schrumpft eine Wirtschaft so stark wie in Griechenland, nehmen die Schulden in Relation zum Bruttoinlandsprodukt automatisch erheblich zu. Nehmen Sie an, Sie haben 100 Euro Schulden und ein Bruttoinlandsprodukt von 100 Euro. Dann liegt

---

34 Fernando Pessoa ist ein portugiesischer Schriftsteller. Erst nach seinem Tod 1935 erlangte er Berühmtheit.

35 Der Internationale Währungsfond (IWF) hat inzwischen eingeräumt, dass die negativen Folgen der Sparpolitik für die Wirtschaft unterschätzt wurden und die Belastungen einer solchen Politik in Zukunft gleichmäßiger auf alle Gesellschaftsschichten verteilt werden sollten. Der volle Bericht ist abrufbar unter: www.imf.org/external/pubs/ft/scr/2013/cr13156.pdf

Ihre Verschuldung bei 100% des BIP. Schrumpft aber Ihre Wirtschaft um 25% auf nur noch 75 Euro, dann liegt, auch wenn sie keine neuen Schulden machen, ihre Verschuldung plötzlich bei über 130% des BIP. Bei einer Verringerung der Wirtschaftsleistung kommen natürlich noch niedrigere Steuereinnahmen und höhere Sozialausgaben dazu, was den Staatshaushalt zusätzlich belastet."

„Ist die Politik der Troika zu starr und zu wenig auf die unterschiedlichen Verhältnisse der einzelnen Länder angepasst?"

„Es gibt einen „Blueprint", ein Muster, das immer gleich ist." Er macht eine kurze Pause: „Man muss aber dazu sagen, dass weder EZB noch EU-Kommission Erfahrungen mit einer solchen Situation hatten. Auch der IWF hat in der Vergangenheit nur Hilfsprogramme für Länder ausgearbeitet, die ihre Währung abwerten konnten. Ein fundamentaler Unterschied zur Situation in den Euro-Ländern."

„Neben der Beteiligung in der Troika kauft die EZB auch Staatsanleihen von Euroländern, die sich in Zahlungsschwierigkeiten befinden. Verstößt diese Praxis gegen die Regeln des EU-Vertrages, der eine Staatsfinanzierung durch die EZB verbietet?"

„Grundsätzlich ist der Kauf von Staatsanleihen auf dem Sekundärmarkt, also der Kauf nicht direkt von Staaten, sondern von Dritten, die die Anleihen bereits erworben haben, erlaubt. Natürlich hört man, gerade von der Bundesbank: ‚Die EZB tut es nur, um finanzielle Hilfe zu leisten'. Nun ja, was kann man da sagen...". Er zieht die Schulter hoch.

„Die EZB pumpt augenblicklich Unmengen Geld zu extrem niedrigen Zinsen in den Markt. Ist das nicht riskant?"

„Diese Politik ist im Augenblick wichtig, um die Finanzmärkte zu beruhigen. Eine Inflation, vor der vor allem in Deutschland große Angst herrscht, ist nicht abzusehen. Im Gegenteil, die augenblickliche Inflation liegt unter dem Normalniveau."

„Das Geld kommt aber nicht in der Realwirtschaft an. Für Unternehmen in Südeuropa, die investieren und Arbeitsplätze schaffen wollen, ist es augenblicklich unmöglich an Kredite zu kommen."

„Das Problem ist die unsichere wirtschaftliche Gesamtlage. Die Banken schrecken vor Investitionen zurück, da sie nicht wissen, ob sie das Geld wiedersehen."

Diesmal bohre ich nach: „Wäre es da von Seiten der Euroländer nicht sinnvoller, der Realwirtschaft direkt Kredite zu Verfügung zu stellen?"

Er überlegt kurz, bevor er antwortet. „Ja, vielleicht."

Erfreut notiere ich dieses Eingeständnis. „Die deutsche Politik wird in vielen Ländern als dominant und unnachgiebig empfunden. Stimmen Sie damit überein?"

Ernesto lehnt sich zurück und schlägt die Beine übereinander: „Wissen Sie: Wir verstehen, dass die deutsche Regierung auf die Interessen der Menschen achten muss, deren Geld sie ausgibt. Das ist völlig normal. Man vermisst aber eine europäische Vision, die etwas über das nationale Interesse hinausgeht. Wie kann die Währungsunion langfristig funktionieren? Ich denke, eine verantwortungsvolle EU-Politik braucht beides. Eine nationale, aber auch eine europäische Dimension."

„Da Sie es ansprechen: Kann eine Währungsunion mit so unterschiedlichen Volkswirtschaften überhaupt langfristig funktionieren?"

„Regionen unterschiedlicher wirtschaftlicher Stärke sind innerhalb einer Währung grundsätzlich möglich. Allerdings braucht man mindestens eine von zwei Komponenten. Entweder eine hohe Mobilität, vor allem von Personen, innerhalb des Währungsgebietes, oder Transferleistungen, wie beispielsweise den Länderfinanzausgleich in Deutschland. In der EU haben wir zwar einen gewissen Grad an Mobilität, aber sie reicht eben nicht aus, um die extremen wirtschaftlichen Unterschiede auszugleichen. Man bräuchte also Transferleistungen in einem der ungleichen wirtschaftlichen Stärke entsprechenden Ausmaß. Ob man solche Transferleistungen in Zukunft möchte, ist eine politische Frage. Denken Sie an die Wiedervereinigung in Deutschland: Für Westdeutschland war sie sicherlich ökonomisch nicht von Vorteil. Ein einiges Deutschland war aber politisch gewollt. Also nahm man in Kauf, dass es Geld kostet."

Ich bemerke, dass es ihm Spaß macht, mir die Welt zu erklären. Langsam fühle ich aber wie meine Hand am Bleistift erlahmt, weswegen ich mich für das Gespräch bedanke. Ernesto begleitet mich zum Aufzug und gibt mir noch ein paar Tipps für Lissabon. In dem engen Fahrstuhl denke ich über das Gespräch nach.

Der „Anarchistische Bankier" macht mich verrückt. Nachdem ich mittags erfolglos versucht habe, die verwinkelte, sprunghafte Logik in der Sonne nachzuvollziehen, sitze ich genervt an dem großen Tisch im Aufenthaltsraum meines Hostels. Akribisch liste ich jeden Argumentationsschritt auf und ziehe Pfeile über das dicke Papier, bis das gesamte Buch als geordnetes Diagramm vor mir liegt. Kaum zwei Stunden habe ich gebraucht, nach weiteren 30 Minuten habe ich das Argumentationsmuster im groben auswendig gelernt und schütte mir erleichtert ein Glas Wein ein. Halb betrunken wäge ich mich in Sicherheit, doch immer noch gerate ich an irgendeiner Stelle ins Stocken, während ich die logischen Schritte wieder und wieder einzeln nachwandere. Drei Mal hohle ich genervt mein Notizbuch aus dem verschlossenen Rucksack und gehe das Diagramm durch, dann endlich gebe ich es auf. Mit der Weinflasche in der Hand marschiere ich hinaus auf den großen Platz und setzte mich auf eine der Parkbänke hoch über der Stadt.

28. MAI 2013 – LISSABON

Wie jeden Morgen sitze ich bei labbrigem Tost und Cornflakes mit meinen kleinen Laptop im Frühstücksraum. Die deutschen Medien haben heute nur wenig Interessantes zu bieten, nur auf sueddeutsche.de begegnen mir Ursula von der Leyen und Wolfgang Schäuble, die mit ihren französischen Ministerkollegen einen Gastbeitrag verfasst haben. „Wie Europas Jugend wieder Hoffnung schöpfen kann"[36]. Vor Erstaunen bleibt mir der Mund offen stehen. Wolfgang Schäuble schreibt einen Artikel zur Jugendarbeitslosigkeit. Ich beruhige mich mühsam und zwinge mich, den Artikel ganz zu lesen, obwohl ich mich immer wieder an den aufgeweichten Cornflakes verschlucke und einige verwunderte Blicke ernte. Zwar sei es, so lerne ich fasziniert, „noch zu früh" zu sagen, dass die Krise überwunden sei. Die Fakten belegten aber doch eindeutig, dass die europäische Antwort die richtige sei. Zwar seien die Staatsschulden „mit der Bekämpfung der Finanzkrise" „explosionsartig angestiegen", logischerweise sei aber der „schonungslos aufgedeckte" „Verlust an Wettbewerbsfähigkeit" das Hauptproblem, dem durch „energische, mutige und visionäre Strukturreformen" begegnet werden müsse. Als der Text damit schließt, dass das unerschütterliche Vertrauen der europäischen Minister in „den Unternehmen und den jungen Menschen Europas liegt, die vor Ideen und Initiativen nur so sprudeln", beginnt mein 12-Euro-die-Nacht-inklusive-Früstück-Frühstück gefährlich in meinem Magen zu rumoren. Ich klappe schnell meinen Laptop zu und mache mich auf zu meinem nächsten Interview.

Immer noch etwas erregt betätige ich die Klingel der Friedrich-Ebert-Stiftung. Herr Naumann hat, als wir kurz darauf in einem vollen, asiatischen Restaurant sitzen, vielleicht die beste Antwort auf den unverschämten Gastbeitrag in der Süddeutschen.
„Ein Artikel zur Jugendarbeitslosigkeit. Von den deutschen Ministern mit ihren französischen Kollegen. Wie schön. Aber wäre es nicht besser gewesen, einen solchen Artikel mit den europäischen Brüdern und Schwestern aus, zum Beispiel, lassen Sie mich nachdenken, Spanien oder Griechenland zu entwerfen?"
Das runde, leicht gerötete Gesicht mit dem lichten Bartwuchs lächelt verschmitzt. Seit 20 Jahren lebt er in Portugal, Leiter der Friedrich-Ebert-Stiftung Lissabon sei er schon, aber, er wiegelt ab, es seien ja nur er und die Sekretärin. Neben seiner Tätigkeit in der politischen Vertretung engagiert sich Herr Naumann im „Europäischen Observatorium für die Entwicklung der Arbeitsbeziehungen" sowie im „Europäischen Beschäftigungsobservatorium", zwei Organisationen, die Arbeitsbedingungen in Europa analysieren. Während wir Suppe aus einer großen Schale löffeln, erklärt er mir die Entwicklung in den letzten Jahren.
„Es sieht düster aus. Die Arbeitslosigkeit hat sich von 7,5% 2008 auf knapp 18% im April 2013 mehr als verdoppelt. Gerade Portugal, das traditionell niedrigere Löhne und eine niedrigere Arbeitslosigkeit hat, ist an eine solche Lage auf dem Arbeitsmarkt nicht gewöhnt. Parallel schrumpf die Wirtschaft, allein 2011 und 2012 um fast 5%. Für 2013 wird wieder eine tiefe Rezession um 2,5% prognostiziert. Die Troika hat zwar

---

36 Sie finden den Artikel unter: www.sueddeutsche.de/wirtschaft/krisenbekaempfung-wie-europas-jugend-wieder-hoffnung-schoepfen-kann-1.1682519

schon für 2014 wieder ein Wirtschafswachstum vorausgesagt, aber ob es wirklich kommt, ist völlig ungewiss. Das ist auch das zentrale Problem." Er legt seinen Löffel neben die dampfende Schale: „Keiner weiß: Wann geht es wieder aufwärts? Es wäre alles viel erträglicher, wenn man Menschen erklären könnte: das ist eine Phase durch die wir durch müssen, damit es in einem, zwei oder drei Jahren wieder besser wird. Aber augenblicklich ist schlicht kein Ende in Sicht. Das ist nach meinem Eindruck für die Menschen am schlimmsten: man weiß nicht, ob die vielen Opfer überhaupt einen Sinn haben."

„Wer bringt diese Opfer? In Griechenland und Italien wurde mir berichtet, dass die Reformen überwiegend die wirtschaftlich schwächeren Schichten treffen. Ist das in Portugal ähnlich?"

„Definitiv. Zum einen durch die vielen Einschnitte im Sozialbereich, die natürlich nur Menschen treffen, die auf Sozialleistungen angewiesen sind. Zum anderen aber auch durch die Steuererhöhung, die teilweise sogar zu einer umgekehrt progressiv Besteuerung führen, also geringere Einkommen stärker belasten als höhere."

Wir unterbrechen unser Gespräch, als die ältere, asiatische Kellnerin zwei große Teller gebratenen Reis auf den Tisch stellt. Ich genieße das warme Gericht in vollen Zügen und wir essen ohne Eile, während wir über das alltägliche Leben eines Deutschen in Portugal plaudern. Bei einem Kaffee wenden wir uns wieder der Politik zu.

„Ich höre immer öfter, dass man im Grunde die Wirtschaft der Krisenländer viel direkter mit Krediten versorgen müsste."

„Naja", er lächelt, „man muss kein Sozialdemokrat sein, um Geld direkt in die Wirtschaft stecken zu wollen. Das ist einfach ökonomische Vernunft. Augenblicklich kommt das viele Hilfsgeld in der Wirtschaft nicht an. Dann kann es auch zu keiner Verbesserung der wirtschaftlichen Lage führen."

Da ich meinen Kaffee inzwischen ausgetrunken habe und sich die Tische um uns herum langsam leeren, stelle ich meine letzte Frage: „ Vor allem in Griechenland ist mir aufgefallen, wie sehr die Menschen die Fremdbestimmung durch die Troika und das Ausland generell stört. Wie sehen die Portugiesen diesen Entwicklung?"

„Das erlebe ich hier sehr ähnlich. Natürlich stört eine fremde Macht, die auf einmal alle Bereiche der nationalen Politik alleine regelt. Aber: Die Menschen haben große Angst vor dem Bankrott. Deswegen nehmen es die Meisten hin." Er überlegt eine Weile: „Wissen Sie: diese finanziellen Abhängigkeiten sind nicht gut für Europa. Wenn einige, wenige Länder so viel Macht über andere haben, führt das auf lange Sicht immer zu Problemen."

Zufrieden mit meinen ersten Gesprächen stehe ich abends auf dem Jardim de São Pedro de Alcântara. Über Lissabon weht ein kräftiger Wind, die Schwalben flattern wie verrückt gegen die heftigen Böen an und gleiten eine kurze Weile, bis der nächste

Windstoß die kleinen Schatten wieder herumreißt. Ich beobachte den spielerischen Kampf und genieße den einsetzenden Abend über den Dächern der melancholischen Stadt.

29. MAI 2013 – LISSABON

João Ferreira do Amaral ist eine der führenden Ökonomen Portugals und gehört zu den Wenigen, die von Anfang an gegen den Beitritt Portugals zur Eurozone waren. Als ich ankomme muss ich ein paar Minuten vor der Tür warten, drinnen macht gerade ein Fotograf Aufnahmen von dem berühmten Professor, bald sitze ich aber in seinem kleinen Büro, wo sich rechts und links die Bücher mannshoch stapeln. Vor nur zwei Monaten ist sein neues Buch erschienen „Warum wir aus dem Euro austreten müssen - die notwendige Scheidung, um Portugal aus der Krise zu holen"[37] und während meines restlichen Aufenthalts in Portugal wird mich sein Gesicht aus den Auslagen zahlreicher Buchhandlungen anlachen. Herr Amaral ist schon länger über fünfzig, hat einen runden Kugelbauch und etwas schiefe Zähne. Er ist äußerst freundlich und zwischen den Antworten lässt er, vor allem wenn es um die chaotische portugiesische Politik geht, immer wieder ein verschmitztes Lachen hören, wobei sein Bauch fröhlich auf und ab wippt. Ich bedanke mich, ein Stunde seiner Zeit in Anspruch nehmen zu dürfen, und beginne mit der nächstliegenden Frage:

„Herr Amaral, warum sind Sie für einen Ausstritts Portugals aus der Eurozone?"

„Wir befinden uns augenblicklich in einem Teufelskreis. Portugal versucht sein Defizit abzubauen, was aber den für die portugiesische Wirtschaft notwendigen Binnenkonsum abwürgt. Es ist schlicht nicht möglich, das Defizit abzubauen und gleichzeitig den Binnenkonsum zu stimulieren. Die einzige Lösung ist der Austritt. Durch die abgewertete portugiesische Währung würde einen Anreiz für Produktion in Portugal geschaffen und so auch wieder der Konsum in Portugal belebt."

„Was wären die unmittelbaren Konsequenzen eines Austritts?"

„Zunächst würde die portugiesische Währung natürlich stark abgewertet. Meiner Ansicht nach ist eine Abwertung von 30% im Vergleich zum Euro realistisch, dieses Niveau könnte man wohl auch langfristig halten. Wichtig wäre dabei, dass ein Exit von Hilfen der Europäischen Zentralbank flankiert würde, um das portugiesischen Bankensystem eine Zeit lang zu stabilisieren und über den Schock des Austritts hinwegzuhelfen."

„Warum ist die große Mehrheit der Portugiesen trotzdem für einen Verbleib in der Eurozone?"

Herr Amaral lehnt sich in seinen Bürostuhl zurück: „Es gibt natürlich eine ganze Reihe

---

37 Orginaltitel: "Porque devemos salir do Euro – O divórcio necessário para tirar Portugal da crise".

Schwierigkeiten. Zuerst haben die Menschen Angst um ihre Spareinlagen. Diesen sehr verständlichen Bedenken müsste man Rechnung tragen und dieses Geld in jedem Fall sichern. Dann ist es natürlich möglich, dass die portugiesische Währung aufgrund einer Schockreaktion an den Märkten immer weiter abgewertet wird, der Wert des portugiesischen Geldes also ins Bodenlose fällt. Außerdem, und auch das ist nicht zu unterschätzen, ist der Austritt psychologisch schwierig. Der Beitritt zur Eurozone war ein großer Schritt, ein nationales Projekt, auf das Portugal sehr stolz war. Nun einzusehen, dass es falsch und ein Fehler war, ist schwer."

„In der Debatte um einen Austritt einzelner Staaten aus der Eurozone habe ich immer wieder gelesen, dass das Prozedere eines Austritts höchst problematisch wäre."

„Das ist richtig. Der Prozess eines Austritts ist sehr schwierig, denn in den EU-Verträgen ist zwar ein Austritt aus der EU, nicht aber ein Austritt nur aus der Eurozone geregelt. Vor allem ist meiner Ansicht nach problematisch, dass eine öffentliche Diskussion über den Exit nicht möglich wäre. Die damit verbundenen Unsicherheiten für die Märkte wären zu stark, die Konsequenzen nicht abschätzbar. Ich halte folgendes Vorgehen für möglich: Es müsste einige wenige Personen geben, ungefähr fünf auf portugiesischer und fünf auf europäischer Seite, die zunächst über den geplanten Austritt entscheiden und ihn bekannt geben. Dann müssten sich Verhandlungen mit der EU über den genauen Ablauf anschließen, an deren Ende das portugiesische Parlament dem Austritt zustimmen würde. Das wäre auch demokratisch, denn das Parlament könnte sich am Ende auch gegen einen Exit aussprechen, so dass Portugal in der Eurozone verbleiben würde."

„Gäbe es keine Panik an den Finanzmärkten, die zu einer Kettenreaktion führen und andere Länder zum Austritt zwingen würde?"

„Ich denke, man könnte diesen berühmten Dominoeffekt verhindern. Es bräuchte eine genaue Analyse und dann eine politische Übereinkunft mit jedem einzelnen Land über seine Zukunft in oder außerhalb der Eurozone. Das würde Sicherheit schaffen. Darüber hinaus müsste man einen panischen Abzug von Kapital aus den betroffenen Ländern verhindern, wofür sicherlich eine Zeit lang Kapitalverkehrskontrollen notwendig wären. Langfristig würde der Austritt aber das wirtschaftliche Wachstum ankurbeln und Portugal könnte nach einiger Zeit auch wieder seine Schulden bezahlen. Ich bin der Meinung, dass wir mit einem Zahlungsaufschub so langfristig alle unsere bestehenden Verbindlichkeiten bedienen könnten." Er macht eine kurze Pause und fügt dann hinzu: „Allerdings wäre es deutlich besser, den ganzen Prozess des Austritts in einer mehr oder weniger stabilen Situation zu vollziehen. Dann wären die Risiken deutlich geringer und vor allem gäbe es einfacher Geld für die notwendigen Investitionen."

„Eine stabile Situation?" Verwundert unterbreche ich mein eiliges Mitschreiben und hebe den Blick von meinem Notizbuch. „Wann ist Ihrer Meinung nach damit zu rechnen, dass sich die Lage wieder beruhigt?"

„Es ist sehr schwierig, das vorauszusagen. Ich denke aber, dass die Eurozone zwangsläufig verschwinden wird, wenn sich die Situation in den nächsten zwei Jahren nicht stabilisiert."

Ich ziehe einen dicken Strich unter diesen letzten Satz. „Noch einige Fragen zur nationalen Politik, wenn Sie erlauben. Halten auch Sie die reine Austeritätspolitik für eine Fehler?"

„Für einen grober Fehler. Der IMF hat Portugal bereits 1977 und 1983 mit finanziellen Hilfen unter die Arme gegriffen. Ich war damals einer der Beauftragten auf portugiesischer Seite. Das Programm funktionierte, weil Portugal seine eigene Währung hatte und diese abwerten konnte. Ohne diese Möglichkeit ist die reine Sparpolitik für eine Wirtschaftsstruktur wie die portugiesische, die maßgeblich vom Binnenkonsum abhängt, fatal. Die Folgen kann man heute beobachten: durch die extrem hohe Arbeitslosigkeit und die drastische Reduzierung der Löhne rutschen große Teile der Mittelklasse in die Armut ab."

„Beschuldigen die Portugiesen die Troika, die EU oder andere Länder für diese Entwicklungen?"

Er schüttelt den Kopf: „Ich denke die Portugiesen beschuldigen eher die eigene Politik. Vor allem weil die portugiesische Regierung oft über das von der Troika geforderte hinausgegangen ist, um guten Willen zu zeigen. Außerdem ist die Regierung nicht sehr glaubwürdig. Es wird eine Maßnahme verkündet, dann gibt es vehementen Widerstand und alles wird wieder zurückgenommen. Wie beispielsweise bei der Rentenreform. Auch das jüngste Urteil des portugiesischen Verfassungsgerichts hat die Regierung nicht gut aussehen lassen. Teile der Reformen wurden für verfassungswidrig erklärt, was vorauszusehen und damit vermeidbar war."

„Das portugiesische Verfassungsgericht hat Teile der Reformen gekippt? Was war der Grund?"

„Bestimmte Bevölkerungsgruppen wurden durch die Sparpolitik finanziell deutlich stärker belastet als andere. Das verletzt den Gleichheitsgrundsatz der portugiesischen Verfassung."

30. MAI 2013 – LISSABON

Ich stehe neben einem langen Empfangstresen und blättere in der heutigen Ausgabe der „Diario de Noticias". Portugal hat, in großen Buchstaben steht es auf der Titelseite, zwischen 1986 und 2011 im Schnitt 9 Millionen Euro pro Tag von der EU bekommen und somit 9.468 Kilometer Straße sowie 2.353 Kilometer Schienennetz Brüssel zu verdanken. Ich lege die Zeitung gerade wieder auf den Stapel zu den 20 Anderen, da geht mir gegenüber der Fahrstuhl auf und mein Termin kommt durch die Sicherheitsschranke auf mich zu. Miguel Pacheco ist Journalist in der Wirtschaftredaktion der 1864 gegründeten „Diario de Noticias", der inzwischen zweitgrößten Tageszeitung des Landes. Ich schätze ihn auf Mitte 30, er trägt die ersten zwei Knöpfe des eleganten, weißen Hemdes geöffnet, hat ein leichtes Doppelkinn und tiefe Ränder unter den Augen. Wir setzen uns in einen großen Saal direkt neben dem Eingang und beginnen uns zu unterhalten, wobei Miguel immer wieder die laufende Nase putzt. Er kränkele diese Woche etwas, erklärt er mit belegter Stimme, nehme sich aber trotzdem gerne Zeit für mich.

„Ich habe gerade auf der Titelseite der heutigen Ausgabe gelesen, dass Portugal seit seinem EU-Beitritt im Schnitt 9 Millionen Euro pro Tag von der EU erhalten hat."

„Portugal hat enorm von den europäischen Fördergeldern profitiert. Gerade die Infrastruktur ist Dank der EU inzwischen sehr gut."

„Ist die Berichterstattung über die EU seit der Krise nicht kritischer geworden?"

„Ich denke, es wird vor allem viel mehr über die EU und die Vorgänge in Brüssel berichtet. Das hat natürlich damit zu tun, dass viele für Portugal wichtige Entscheidungen inzwischen in Brüssel getroffen werden."

„Was halten Sie von der Politik, die aus Brüssel kommt? Viele, mit denen ich spreche, kritisieren das immer gleiche Muster - Austerität, Liberalisierung, Privatisierung - nach dem die Troika vorgeht."

„Ich halte die Politik der Troika für nicht so verfehlt, wie viele meiner Landsleute. Wir haben nun einmal zu viele öffentliche Angestellte. Folglich müssen Entlassungen vorgenommen werden. Auch wird durch die Sparpolitik primär der Mittelstand belastet und nicht die ärmsten Schichten. Die Politik ist also weniger unsozial, als angenommen. Aber: das Muster der Troika ist zu rigide. Portugals Wirtschaft hängt insbesondere von Dienstleistungen im Inland ab, weswegen man auf den Binnenkonsum mehr Rücksicht nehmen muss. Vor allem wurde meiner Ansicht nach die Fehlerhaftigkeit des Reformprogramms viel zu lange ignoriert."

„Wenn das Programm in Teilen der richtige Weg ist, wird Portugal dann wie geplant in der Lage sein, seine Schulden langfristig zu bedienen?"

„Nein, das nicht. Das augenblickliche Schuldenniveau ist langfristig nicht tragbar. Entweder man hilft Portugal und verhandelt neu über die Schulden, oder der Exit Portugals aus der Eurozone wird unumgänglich. Sollte Portugal dann wirklich den Euro verlassen müssen, würden meiner Meinung nach die großen Mitgliedsländer auch einen Austritt aus der EU erzwingen."

„Warum glauben Sie, dass in einem solchem Fall Portugal auch zum Austritt aus der EU gezwungen würde?"

„Weil Frankreich und Deutschland kein Interesse an einem gut entwickelten Land in der EU haben, was ihnen durch eine billige Währung Konkurrenz macht. Ich glaube, dass dies auch die große Angst Zyperns war."

Einmal mehr steckt Miguel seine große Nase in das weiße Taschentuch und ich be-

schließe, ihn nun bald in Frieden zu lassen.
„Noch einmal zurück zu den Entscheidungen, die in Brüssel und ohne Beteiligung eines Parlamentes getroffen werden. Haben wir im modernen Europa ein Demokratieproblem?"
„Ich denke schon. Die wichtigen Entscheidungen kommen aus Brüssel und das ist problematisch, weil sich die Menschen nicht mit der EU identifizieren. Die Wahlbeteiligung bei den Wahlen zum Europaparlament belegt dies sehr eindrücklich. Sie betrug in Portugal 2009 nur 36%."

Ich esse im geräumigen Aufenthaltsraum meines Hostels zu Mittag und bin mit den Gedanken schon bei meinem bevorstehenden Interview, als auf einmal eine verschnörkelte Visitenkarte neben meinen Teller Nudeln auftaucht. Mit Tomatensoße um den Mund schaue ich auf und erfahre leicht überrumpelt: die große, blonde Person, die plappernd vor mir steht, heißt Helma, ist nach einem Surftrip in Lissabon hängengeblieben und verdient ihr Geld mit Touren durch die Stadt, auf denen sie in die Welt der Lissaboner Graffitikunst einführt. Ich stecke die Karte in meine Gesäßtasche und verspreche spontan, morgen dabei zu sein.

Alexandre Abreu habe ich auf einer Veranstaltung der Heinrich Böll Stiftung in Brüssel kennengelernt, bei der er als portugiesischer Ökonom auf dem Podium saß. Schon damals ist mir der relativ kleine und jugendlich aussehende Mann durch seine verständlichen Analysen der Eurokrise aufgefallen und in weiser Voraussicht habe ich einen sporadischen Emailverkehr aufrechterhalten, der sich heute auszahlt. In der Cafeteria des wirtschaftswissenschaftlichen Instituts der Universität Lissabon lädt mich Alexandre zu einem Kaffee ein und wir setzen uns in zwei gemütliche Sessel am Fenster. Die kleine Bar befindet sich im obersten Stockwerk des hohen Gebäudes und ich genieße einen kurzen Moment den fabelhaften Ausblick über die ganze Stadt, bevor ich mich auf meine Fragen konzentriere.
„Ich habe gestern mit Herrn Amaral gesprochen, der für einen Austritt Portugals aus der Eurozone ist. Was denkst Du über einen Austritt?"
„Zunächst wäre zu klären, ob man überhaupt nur den Euro verlassen kann. Würde Portugal wirklich austreten, bräuchte man in jedem Fall eine Zeit lang Kapitalverkehrskontrollen, um einen panischen Abzug allen Geldes aus Portugal zu verhindern. Auch müsste die Europäische Zentralbank Schützenhilfe leisten, um den Schock an den Märkten abzufedern. Bezüglich der Hilfe durch die EU bei einem Austritt existieren aber leider Bedenken. Es herrscht große Angst, dass die EU das erste Land, welches den Austritt wagt, bestraft und jegliche Hilfe der EZB verweigert." Er macht eine Pause und lächelt: „Aber das hast Du sicherlich schon alles von Herr Amaral gehört..."
„Stimmt, zum großen Teil. Gibt es eine Einschätzung von Herr Amaral bezüglich des

Austritts aus der Eurozone, die Du nicht teilst?"

„Ich glaube nicht, dass Portugal in einem solchen Szenario alle seine Schulden bezahlen könnte. Die Verbindlichkeiten Portugals würden aufgrund der Abwertung der eigenen Währung stark steigen. Wenigstens einen Teil seiner Schulden könnte Portugal dann nicht bezahlen. Aber: wie Herr Amaral bin ich der Ansicht, dass Portugal durch eine schwächere Währung langfristig wieder eine Wachstumsperspektive hätte."

„Wie siehst Du die Zukunft der Eurozone insgesamt?"

„Was notwendig wäre, um eine langfristig stabilen, europäischen Wirtschaftsraum zu schaffen, ist politisch mit den augenblicklichen Regierungen nicht zu machen. Daher bin ich sicher, dass die Eurozone zerfallen wird."

„Ich nehme an, auch Du siehst somit die von der EU verordnete Sparpolitik kritisch."

„Die harte Austeritätspolitik ist ökonomisch falsch, aber auch das hast Du bestimmt schon des Öfteren gehört. Ich finde daneben aber auch interessant, dass diese Politik zu einer Zentralisierung von Kapital führt. Vereinfacht gesagt profitieren von der augenblicklichen Politik vor allem große Unternehmen. Sie können den fehlenden Binnenkonsum durch Geschäfte im Ausland kompensieren und profitieren im Inland davon, dass kleine Unternehmen reihenweise pleitegehen und vom Markt verschwinden. Wir haben in Portugal in einigen Bereichen eine Zunahme der Mehrwertsteuer von 6 auf 23%! Wie soll ein Unternehmer, der nur im Inland tätig ist, da überleben?"

Ich nicke langsam, während ich mit meinem Notizbuch auf den Knie eifrig mitschreibe. „Was denken die Menschen in Portugal über diese Politik?"

„Umfragen zufolge sind 80% der Portugiesen gegen das „Memorandum of Understanding", also gegen die Konditionen, die als Gegenleistung für die Hilfsgelder von der Troika gestellt wurden. 40% meinen, das Memorandum müsste neu verhandelt werden. Die anderen 40% sind dafür, es zu zerreißen. Es gibt eine neue Studie der Caritas, die die sozialen Folgen von Austerität in den Krisenländern analysiert.[38] Wenn man die Zahlen sieht, wird die Sichtweise der Portugiesen sehr verständlich."

„Die Europäische Zentralbank begegnet der Krise damit, dass sie im Grunde unbegrenzt billiges Geld in den Markt pumpt. Was hältst Du von dieser Politik?"

„Das viele billige Geld ist ein Problem. Aufgrund der schlechten Lage im Inland geht es nämlich nicht in die Realwirtschaft, es werde also keine Kredite an Unternehmer gegeben, die Arbeitsplätze schaffen wollen, sondern das Geld wird in Gold, Immobilien oder Aktien angelegt. Das führt aber fast zwangsläufig zu Blasen, wie zum Beispiel die Immobilienblase in den Niederlanden, die gerade platzt und das Land in massive Schwierigkeiten stürzt. Wir beobachten eine zunehmende Spaltung zwischen Realwirtschaft und Spekulation. Das ist insbesondere schlecht, weil die Banken für die

---

38   Die Studie ist abrufbar unter:
     www.caritas-europa.org/module/FileLib/CaritasCrisisReport_web.pdf

Risiken der Spekulationen nicht selber haften, sondern im Ergebnis der Staat."
Aufgrund er vielen Informationen, die mir um die Ohren sausen, werde ich langsam müde und will mein Notizbuch zuklappen, da beugt sich Alexandre nach vorne: „Erlaube mir noch zwei Punkte loszuwerden, die ich für wichtig halte."
Ich klappe mein Büchlein sofort wieder auf: „Selbstverständlich."
„Erstens: Wie in den meisten andern Länder auch ist die hohe Staatsverschuldung in Portugal Konsequenz und nicht Ursache der Krise. Hier war zwar kein Bankenrettung schuld, die Banken haben nur vergleichsweise wenig Geld vom Staat bekommen, aber in Folge der Finanzkrise litt die Wirtschaft, die Steuereinnahmen gingen zurück, die Sozialausgaben schnellten nach oben und die Kredite an den Märkten wurden für Portugal, auch durch Spekulationen getrieben, deutlich teurer. Die Zahlen belegen es klar: Bei Beginn der Finanzkrise 2008 war Portugal nur mit 68% des Bruttoinlandsproduktes verschuldet, 2013 waren es dann 123%." Er gewährt mir eine kurze Pause.
„Zweitens: Wir sollten unsere Verpflichtungen gegenüber den Bürgern einhalten, nicht gegenüber Investoren.[39] Die Politik im Augenblick ist weder nachhaltig noch dient sie den Menschen in Europa. Wir müssen die reine Austeritätspolitik beenden, den gefährlichen Bankensektor, der am Großteil unserer Probleme schuld ist, verstaatlichen und wieder Politik machen, die das Leben der Menschen verbessert."
Mir gelingt es, seine Rede eilig zu Papier zu bringen. „Warum tun die linken Kräfte in Europa so wenig für diese Ziele?"
Er überlegt einige Sekunden, bevor er antwortet: „Wissen Sie, es ist seltsam aber wahr: Fast alle linken Parteien in Europa haben, wie von Geisterhand, eine politische Kehrtwende vollzogen. Wirklich sozialdemokratische Politik ist eine Randerscheinung geworden."

31. MAI 2013 – LISSABON

Um 11 Uhr morgens stehe ich mit einem leichten Kater an dem großen Springbrunnen auf dem Plaza del Rossio. Ein älterer Deutscher und zwei Amerikanerinnen, die seit sechs Monaten in Lissabon studieren, sind ebenfalls erschienen und so machen wir uns zusammen mit Helma auf den Weg. Zwei Stunden wandern wir kreuz und quer durch das sonnige Lissabon, lernen den Unterschied zwischen Tag, Throw-up und Piece, bewundern Meisterwerke, die ganze Häuserwände einnehmen und staunen über winzige Bildchen in Fußhöhe. Bald bemerke ich, wie auch in der Straßenkunst die Krise allgegenwärtig ist, an den vielen kaputten Häusern spiegelt sich der Frust einer perspektivlosen Generation. Gemeinsame spanisch-portugiesische Werke, die Solidarität zwischen den beiden Länder beschwören, anarchistische Aufrufe zur Revolution von Athen bis Lissabon und Kritik an der zerstörerischen EU Politik finden sich,

---

39 Auf Englisch: "We should honor our commitments to citizens, not investors."

der Aufkleber „Troika it yourself" gefällt mir besonders. Die immer größere Anzahl leer stehender Häuser, erklärt Helma, werde mehr und mehr von Graffiti-Malern benutzt, weswegen ihre Kunst das Stadtbild immer stärker prägt. „Dalaiama"[40] und „Nomen"[41] haben es mir aufgrund der deutlichen Kritik in ihren Bildern besonders angetan und nach einigem hin und her verspricht Helma, mir bei der Kontaktaufnahme zu helfen. Gegen Ende der Tour stehen wir staunend vor einem vollständig bemalten Altglascontainer. Die „Urban Art Gallery"[42] von Lissabon, klärt Helma uns auf, ist eine Kooperation zwischen Künstlern und der Stadtverwaltung, die bestimmte Orte oder Objekte für Bemalung, Beklebung oder sonstige Kunstformen frei gibt. Ich gehe in die Knie und fotografiere den kleinen, unauffälligen GAU-Aufkleber kurz über dem Asphalt.

1. JUNI 2013 – LISSABON

Auch Lissabon ist ein junger Mann im Deutschlandtrikot völlig egal. Überraschenderweise haben die entspannten Portugiesen keinen kollektiven Hass auf alle Deutschen entwickelt, das Gegenteil scheint mir der Fall, als eine junge schwarze Frau mich am Arm festhält und mir zuzwinkert. Meine Kamera habe ich im Hostel gelassen, weswegen ich leider auch kein Foto von mir neben dem Tag „Tod dem französisch-deutschen Imperialismus" machen kann, das ich immerhin gefunden habe. Erst als ich drei Stunden später in der Küche mein Gemüse schneide, fällt mir auf, dass der Bundesadler noch immer auf meiner Brust klebt.

Um fünf soll die Anti-Troika-Demo an der Metrostation Entrecampos beginnen und als ich halb sechs aus der Metro klettere, erwische ich zu meinem Erstaunen auch tatsächlich nur noch das Ende des Zuges. Die Sonne scheint und ich laufe vor und zurück, sehe mir die unterschiedlichen Gruppen an, stelle mich auf Stromkästen um Fotos zu machen und freue mich über die vielen Solidaritätsbekundungen mit den anderen Krisenländern. Die Demonstranten sammeln sich nach einer halben Stunde vor dem Sitz des Internationalen Währungsfonds und strecken roten Karten in die Höhe, die Stimmung macht auf mich aber keinesfalls einen aggressiven Eindruck. Auch die portugiesische Polizei scheint nicht mit einer ernsthaften Gefährdung des unscheinbaren IWF-Gebäudes zu rechnen, hinter der Absperrung stehen nur genau acht Polizisten, die sonnenbebrillt und mit verschränken Armen gelangweilt in die Menge sehen. Ich streune ein wenig umher und finde auch tatschlich ein lustiges Plakat, das Angela Merkel als übergewichtige Frau darstellt, die vom portugiesischen

---

40 Bei Interesse: dalaiama.blogspot.pt
41 Bei Interesse: www.nomenl.com
42 Auf Portugiesisch "Galeria de Arte Urbana", kurz: GAU.

Finanzminister Gaspar[43] mit Hühnersuppe gefüttert wird. Ansonsten richten sich die Schilder und Sprechchöre aber gegen die Austeritätspolitik, die portugiesische Marionettenregierung, die Troika oder den IWF, und nicht gegen Deutschland oder andere EU-Länder. Als ein großer Mann mit Sonnenbrille direkt hinter der Absperrung vor dem Sitz des IWF "Mörder! Mörder!"[44] anstimmt, wagen nur zwei neben ihm zaghaft mitzusingen und als niemand anders einstimmt, verstummen alle drei verschämt.

Da ich seit Wochen meinem geplanten Budget hinterherlaufe, beschließe ich nach dem Ende der Demonstration auf die Metro zu verzichten und schlendere in der Abendsonne nach Hause. Nach einiger Zeit komme ich an einen großen Platz und meine Geldknappheit stellt sich als doppelter Gewinn heraus. Zuerst sehe ich das neuste Bild meines portugiesischen Lieblingsgraffitikünstlers Nomen, das auf einer riesigen Leinwand mitten auf dem Platz aufgestellt ist. Zwei betende Hände sind von einer Kette gefesselt, die Fahnen der Krisenländer stecken in den eiserner Gliedern der Fessel, links steht in dicken, grellen Buchstaben „Toika sucks"[45], rechts schwebt Christine Lagarde, die Chefin des Internationalen Währungsfonds, auf einem Hexenbesen über den betenden Händen. Ich mache sieben Fotos von dem eindrucksvollen Gemälde und höre hinter mir auf einmal Gesang. Auf einer einfachen Holzbühne steht ein paar Meter weiter eine Gruppe alter Männer mit Baskenmützen und singt. Ergriffen höre ich den kleinen Männern zu.

„Hast Du Lust, heute Abend Fado hören zu gehen?" Lulu, meine halb deutsche, halb brasilianische Zimmergenossin schaut mich aus großen, braunen Augen an. Obwohl ich müde bin stimme ich zu, denn erstens habe ich noch kein Fado-Konzert besucht und zweitens bin ich sicher, dass sich Lissabon mit dieser ungewöhnlich attraktiven Frau an meiner Seite äußerst zugänglich zeigen wird. Nach einer halben Stunde Fußmarsch lehne ich in einem engen Lokal an der Wand und lausche der wunderschönen, melancholischen Stimme. An der langen, gekachelten Wand schimmert ein großes Fischerboot im Halbdunkel, ich schließe die Augen und lasse mich von der Stimme hoch über die Stadt tragen. Nach dem Konzert muss ich Lulu noch von dem aufdringlichen Besitzer des Restaurants befreien, der sich neben sie gesetzt hat, und den Taxifahrer ablenken, der sie in einem nicht enden wollenden Redeschwall zu ersticken versucht. Als ich wenig später im Bett liege sehe ich, von Fado und Rotwein melancholisch gestimmt, an die Zimmerdecke. Morgen wartet ein Tag an der Autobahn. Meine Zeit in Lissabon ist vorbei.

---

43   Gaspar war vom 21. Juni 2011 bis 2. Juli 2013 portugiesischer Finanzminister. Er gehörte keiner politischen Partei an.
44   Auf Portugiesisch: „Assassinos! Assassinos!".
45   Auf Deutsch: „Die Troika ist Scheiße".

2. JUNI 2013 – LISSABON – COIMBRA

Die eigene Intuition ist eine launische Zeitgenossin. Zu Beginn des Tages fühle ich mich zunächst nicht schlecht. Nach einem ausgiebigen Frühstück und gemeinsam mit drei belegten Brötchen, einem Liter Wasser und voller Vertrauen auf die portugiesische Freundlichkeit mache ich mich auf den Weg zur Autobahn. Die Route zur Auffahrt habe ich diesmal auf meinem Stadtplan leuchtend rot markiert, ich marschiere aus dem vollen Zentrum hinaus in Richtung A1 nach Coimbra. Nachdem ich auf dem Weg alle fünf Minuten meinem Stadtplan konsultiert habe, komme ich problemlos und wie geplant nach genau einer Stunde an. Das Pappschildhalten macht mir nichts mehr aus, auch die inzwischen recht intensive Hitze in der Sonne stört mich nicht, trotzdem schwindet aus unerfindlichen Gründen meine Hoffnung auf einen zeitnahen Erfolg. Grübelnd schaue ich den Autos hinterher. Nach ungefähr einer Stunde bemerke ich, dass kein einziger LKW die Auffahrt nimmt, an der ich stehe. Im Trampermodus - zwischen 90 Sekunden und fünf Minuten pro Gedankenschritt - überlege ich. Wo sind all die freundlichen Lastwagen? Gibt es in der Nähe ein Industriegebiet mit einer eigenen Auffahrt? Ich drehe mich um und schaue einige Zeit auf die Autobahn hinauf, wo so viele Chancen auf eine Mitfahrt vorbeisausen. Plötzlich bemerke ich, dass auch dort keine LKWs fahren. Ich reibe mir die Nase, meine Gedanken schweifen ein paar Minuten ziellos umher und landen schließlich beim heutigen Datum. Es ist der 2. Juni 2013. Ein Sonntag. Ich werde wacher. Auch wenn es in Portugal vielleicht kein Sonntagsfahrverbot gibt, rollen an diesem Tag bestimmt weniger LKWs über die Straßen als sonst. Wenige Minuten später bin ich bei der Erkenntnis angekommen, dass Sonntag kein guter Tag zum Trampen ist und seufze laut. Ich lehne mich an die Laterne neben mir und halte mein Schild unenthusiastisch den vielen Kleinwagen hin. Hier bleibe ich maximal eine Stunden länger.

Ich starre noch immer gedankenverloren in die Ferne und bemerke den weißer Mercedes Sprinter, der kurz hinter mir hält, erst nach einigen Sekunden. Der Fahrer diskutiert kurz mit der jungen Frau neben ihm, die dann lacht und nickt. Bald darauf sitze ich neben den beiden, mein Rucksack ist hinten zwischen einem Wust von Kisten und Taschen verstaut, und schaue glücklich auf die Uhr. Eine Stunde vierzig Minuten. Ein neuer Rekord. Den großen Lieferwagen lenkt Sergio, ein Bär von einem Mann mit dichten blonden Haaren auf den Armen, der aus der Ukraine kommt und respektvoll schüttele ich seine riesige Pranke. Denise, die neben mir sitzt, muss lachen, als sich unsere ungleichen Hände über ihrem Schoß treffen. Sie ist eine zierliche brasilianische Tanzlehrerin mit pechschwarzen Augen und erzählt mir strahlend, dass sie wegen einer Anstellung in einer Ballettschule nach Coimbra zieht. Sie hat Sergio, der mit einem Freund an den Wochenenden ein Umzugsunternehmen betreibt, für die Fahrt engagiert, die beiden kennen sich also genauso wenig wie ich sie und so fahren wir als kleine, zufällig zusammengewürfelte Gruppe durch die portugiesische Mittagshitze.

Der Duft der Pinien, die neben der Autobahn in der Sonne brüten, strömt durch die Lüftungsanlage und ich höre meinen ungleichen Mitfahrern zu, vor allem Sergios Geschichten in einem lustigen Kauderwelsch aus Portugiesisch und Spanisch zeugen von einem bewegten Leben. Schon mit 19 hat er in Sibirien gejobbt, bis er bei minus 35 Grad im Freien betrunken eingeschlafen ist und nur knapp mit Kälteblasen an Händen, Ohren und Nase überlebt hat. Danach war er drei Jahre in Katalonien, nun seit acht Jahren in Portugal, immer auf Baustellen beschäftigt und seine Erzählungen geben interessante Einblicke in den iberischen Bauboom. Bei seinem letzten Job sei er gezwungen worden, über Monate 16 Stunden am Tag zu arbeiten. Verheißungsvoll simuliert er seinen Zustand in dieser Zeit mit taumelndem Oberkörper. Auch Denise kommt trotz Sergios Redefluss dazu, von ihrem Leben fern der Heimat zu erzählen. Von ihrer Ankunft in Portugal mit 24, ohne Geld oder Bekannte, nur mit einer Ausbildung als Tänzerin im Gepäck. Von ihrem ersten Engagement bis heute, zehn Jahre später, und der Festanstellung als Tanzlehrerin in Coimbra. Vor einer Woche, sie schaut mich an und ihre schwarzen Augen blitzen glücklich, hat sie endlich den portugiesischen Pass bekommen. Nach einer Pause in einem quadratischen Gebäude vor einem staubigen Parkplatz und einer umfangreichen Erörterung über Sergios ungezogene Kinder stehen wir dann vor Denise Apartment in Coimbra. Natürlich helfe ich fleißig, Denise Hab und Gut in ihre Wohnung zu tragen und herze die beiden zum Abschied ausgiebig. Ein bisschen wehmütig mache ich mich auf den Weg zu meinem Hostel.

Auf dem Praça da República sitze ich frisch geduscht und angenehm müde vor einem großen, eiskalten Bier. Der frühe Abend taucht den großen Platz in ein warmes Licht und der Wind spielt in den Blättern der hohen Bäume. Ich klettere eine steile Straße hinauf in die Altstadt, bleibe an einem Aussichtspunkt stehen und betrachte den Sonnenuntergang. Die Schwalben fliegen als dunkle, flinke Schatten vor dem tiefen Rot über der Stadt, ihr durchdringendes Fiepen erfüllt die Luft. Verzaubert betrachte ich die Szenerie. Was für ein simples Ding das Glück ist.

3. JUNI 2013 – COIMBRA

Genau wie ich mir erhofft hatte, ist Coimbra eine wunderschöne portugiesische Kleinstadt. Die Studenten der im 13. Jahrhundert gegründeten Universität[46] bestimmen das Stadtbild, neben der Altstadt fließt der breite Fluss Mondego gemächlich dahin und verschwindet in den Wäldern, die die Stadt umgeben. In den Parks und Wiesen am Fluss sitzen Studenten auf bunten Decken, ich bummele durch das historische Zent-

---

46 Nur 20 Tage nach meiner Ankunft erhielt die Universität von Coimbra den Status eines UNESCO-Weltkulturerbes.

rum, schreibe, trinke Kaffee und träume davon, wie entspannt man an diesem Fleckchen Erde sein Leben zubringen könnte.

4. JUNI 2013 – COIMBRA

Teka arbeitet am Empfang meines Hostels in Coimbra. Ihre großen Augen strahlen eine weiche Gutherzigkeit aus, die sie zusammen mit ihren bunten Röcken und farbigen Tüchern zu einem grundsympathischen, liebenswerten Hippiewesen machen. Ich koche mittags meine Nudeln mit Gemüse, als Teka mit dem Wischmop bewaffnet in die Küche kommt. Sie ist 30 Jahre alt, gerade dabei, ihren Master in Umwelttechnik abzuschießen – sie beschäftigt sich mit einem neuen Verfahren zur Errechnung der CO_2-Bilanz von Produkten - und beginnt zu erzählen, während sie den Boden wischt.

„Ich habe mich vor zwei Jahren entschieden in Portugal zu bleiben und ich bleibe. Was würde passieren, wenn alle gehen? Mein Land hat mir eine Ausbildung gegeben, meine Eltern werden mich in zehn oder 20 Jahren brauchen, ich bleibe. Bei den Menschen, die ich liebe. Außerdem scheint hier die Sonne." Sie lacht ihr langgezogenes Lachen. „Glücklich sein ist auch nicht nur eine Frage des Bruttoinlandsproduktes. In Bhutan haben Sie ein neuen Index geschaffen: das Bruttosozialglück. Wusstest Du das?" Ich kenne diese wahrscheinlich kluge Definition irdischen Glücks nicht und schüttele den Kopf. „Naja", sie wischt weiter den Boden um meine Füße herum, „aber die Situation ist schon sehr schlecht. Gerade in der Bildung wird viel gekürzt. Sie haben zum Beispiel die staatliche Unterstützung für Studenten erheblich gesenkt, ich kenne viele, die deswegen mit der Uni aufhören mussten." Teka macht eine Pause und stemmt die freie Hand in die Hüfte: „Weißt Du, was mich außerdem sauer macht? Meine Eltern haben ihr ganzen Leben gearbeitet. Aber jetzt, da sie ihre Rente brauchen, werden sie im Stich gelassen. Warum sollte ich überhaupt für ein System arbeiten, was mir nicht hilft, wenn ich es brauche? Es ist besser, sich um seine Freunde zu kümmern, um wirkliche Freunde. Die werden Dich nicht verlassen." Sie bückt sich und wischt unter dem Tisch. Durch die dicke Holzplatte höre ich ihre gedämpfte Stimme:

„Und, wohin fährst Du nach Coimbra?"

„Nach Porto."

„Du bist dieses Wochenende in Porto?" Sie kommt unter dem Tisch hervor und schaut mich mit großen Augen an: „Weißt Du, wo Du auf jeden Fall hingehen musst?"
Ich vernehme die magischen Worte, hole mein Notizbuch aus dem Rucksack und zücke den Bleistift.

„Tell me!"

Teka und auch das Grande Hostel de Coimbra mit seinen hohen Decken und Holzfußböden gefallen mir sehr, der heutige Tag ist ansonsten allerdings äußerst frustrierend. Auf keine meiner vielen Mails habe ich eine Antwort erhalten, meine einzige Hoffnung

ist im Augenblick eine Handynummer, die mir in Lissabon mit einem Augenzwinkern zugesteckt wurde. Sie gehört dem Leiter der gewaltigen Behörde „IGCP, E.P.E", welche die Staatsschulden Portugals verwaltet, und folglich einem sehr interessanten Interviewpartner. Aus dem tiefen Sessel im ersten Stock schaue ich über die Stadt, nehme meinen Mut zusammen und tippe die Nummer in mein kleines Netbook. Ich spule meine Text ab, einige Sekunden vergehen, dann fragt der Mann am anderen Ende mit ungläubiger Verwunderung und einer Spur Ärger in der Stimme:
„Wo haben Sie diese Nummer her?"
Ich hatte diese Frage befürchtet. „Das darf ich leider nicht sagen…", gebe ich kleinlaut zurück und rechne mit sofortigem Tuten in der Leitung.
„Aha, Sie dürften es nicht sagen. Hören Sie, ich gebe Ihnen die Nummer meiner Sekretärin. Rufen Sie dort heute Nachmittag an." Er rattert tatsächlich eine Nummer runter, ich schreibe sie eilig auf und will mich demütig bedanken, aber er hat schon aufgelegt. Ein paar Stunden später spreche ich mich Paula, einer sehr gut Englisch sprechenden, älter klingenden Frau. Ich schicke ihr meine Standardmail und bekomme auch umgehend eine Antwort. „Danke für Ihr Interesse, aber der Sitz von IGCP befindet sich in Lissabon. Ein Treffen in Porto ist daher nicht möglich…".

Um mich von meinem mäßig erfolgreichen Tag abzulenken, habe ich mich mit Denise zum Abendessen verabredet und überbrücke die Zeit bis dahin in einer Bar am Praça da República. Nachdem ich in Lissabon Pessoas „Buch der Unruhe" nach 100 Seiten ungeduldig abgebrochen habe, vertiefe ich mich nun in José Saramagos „Das Tagebuch"[47]. Die kurzen, kritischen Texte gefallen mir gut, ich bestelle nach meinem Bier noch eine halbe Flasche Wein, schmökere weiter und bemerke nicht, wie die Zeit vergeht. Als ich endlich auf die Uhr sehe, stürze ich erschrocken meinen Wein hinunter, schreibe Denise eine SMS und mache mich auf den Weg in die Altstadt.
Nachdem ich 15 Minuten gewartet habe, kommt Denise die Straße hinauf. Wir schlendern ein wenig umher und entscheiden uns dann für ein Restaurant mit einem riesigen Grill neben dem Eingang. Denise ist eine Seele von Mensch, auch wenn man in den stillen Momenten harte Züge in ihrem Gesicht erkennen kann. Wir reden über Europa und Brasilien, trinken zwei Flaschen Wein und genießen gegrillten Fisch für sechs Euro. Vor dem Restaurant setzen wir uns auf eine Bank und rauchen in der frischen Luft zwei Zigaretten, bevor Denise mir einen Kuss auf die Wange drückt und in einem Taxi verschwindet.

---

47 Der portugiesische Literaturnobelpreisträger begann mit 85 Jahren einen Blog zu schreiben, in dem er aktuelle Ereignisse aus Politik und Gesellschaft kommentierte. 2009 erschienen die Einträge dann in Buchform.

5. JUNI 2013 – COIMBRA – LISSABON – COIMBRA

Nach meinem Dinner mit Denise will ich um drei Uhr morgens gerade betrunken ins Bett fallen und klappe nur aus Routine den Laptop auf. Geschockt sehe ich die dicken schwarzen Buchstaben. Nomens Antwort. Um 11 Uhr morgens kann er mich in Lissabon treffen, also in genau acht Stunden. Enthusiastisch suche ich mir einen Zug, antworte ihm um halb vier und stelle meinen Wecker auf zehn vor sieben.

Um Zehn vor sieben und in dicke Watte gepackt kommt mir das ganze Unterfangen schon deutlich weniger fantastisch vor. Trotzdem quäle ich mich aus dem Bett, brate mir zwei Eier, dusche und setze mich in den Zug nach Lissabon.

Nomen ist ein mittelgroßer Typ mit einem knallgelben „Dedicated"-T-Shirt, dicken Lippen und großen Zähnen. Wenn er lacht, zeugen tiefe Falten um die Augen von dem intensiven Leben der Graffiti-Ikone, wir sitzen auf einer Bank im Bahnhof Santa Apolónia und drehen uns Zigaretten. Das Diktiergerät habe ich zwischen uns in die Holzlatten gesteckt und hoffe, dass es nicht nur das Pfeifen der Züge und die Ansagen, sondern auch einige von Nomens Geschichten auffängt. Geboren in Angola floh seine Familie 1976 vor dem Bürgerkrieg, mit zwei Jahren kam Nomen so nach Lissabon. Als Jugendlicher hat er manchmal drei Tage nichts gegessen, um mit dem wenigen Geld, das er für das Mittagessen bekam, eine Sprühdose zu kaufen. Allerdings nur, er lacht, um so fünf weitere klauen zu können. Seit 1989 zaubert er Bilder auf Wände und war damit der vierte Graffiti-Künstler in Portugal. Heute ist Nomen 39, klaut nicht mehr, und sprüht auf Events von Holland bis Indien.

„Wie kam es, dass Du angefangen hast, politisches Graffiti zu machen?"

„Es gab zwei oder drei Maler in Lissabon, die kurze politische Botschaften und Kritik an der Regierung sprühten. Einer von Ihnen ist ein Freund von mir und begann, mich über Facebook anzuschreiben: „Hör auf, nur an Dich zu denken, setz Deine Kunst ein, wir brauchen den Protest, wir müssen uns wehren..." und so weiter und so weiter. Ich war zuerst dagegen. Traditionell mischt man Politik und Graffiti nicht. Aber dann sah ich einige Tage später unseren Premierminister Coelho im Fernseher und dachte auf einmal: Man könnte etwas daraus machen. Ich entwarf mit drei Freunden spontan ein Konzept für ein Bild, das Coelho als Cowboy mit zwei Pistolen zeigt. Darüber schrieben wir in roten Buchstaben: „Das Gesetz des Stärkeren". Die Resonanz im Internet war enorm. Auf Facebook wurde es 2000 Mal geteilt, über 1000 Personen gefiel es."

„Richtig bekannt wurde dann aber das zweite Bild von Dir, das Coelho und seinen Vize-Premierminister als Marionetten von Merkel zeigt."

„Ja, das Merkel-Bild wurde dann wirklich sehr bekannt. Es tauchte in 33 verschiedenen Ländern in den Nachrichten auf.[48] Ich habe sogar einen Bericht aus dem Kongo

---

48   In Deutschland erschien das Graffiti u.a. im Spiegel und in der Welt.

gefunden, in dem das Bild gezeigt wird."

„Wie kamt Ihr auf die Idee, ein solches Bild zu malen?"

„Auch die Idee zu diesem Bild kam spontan. Es stand ein Besuch von Merkel in Portugal an. Da wollten wir eine publikumswirksame Aktion machen."

„Ihr habt das Merkel-Bild gemalt, weil sie kam?"

„Ja", Nomen grinst und pustet den Rauch seiner Zigarette aus, „deswegen haben wir auch einen Spot ausgesucht, an dem Merkel und alle Mitglieder der Regierung auf dem Weg zu den Gesprächen vorbei mussten."

Bei dem Gedanken an Merkel, wie sie im Auto an dem Bild vorbeifährt, muss auch ich lachen. „Wie hast Du die Erlaubnis für ein Bild an dieser Stelle bekommen?"

„Es ist ein geduldeter Spot. Die Polizei kann dich theoretisch verjagen, sie haben's aber nicht getan. Wir konnten sogar ein Foto von lachenden Polizisten vor dem Bild machen. Danach hat mich die Polizei auch gefragt, ob ich einen Auftrag für sie malen kann. Das habe ich aber abgelehnt. Für die Cops? Nein danke."

Er beginnt sich eine weitere Zigarette zu drehen und fährt nach einer kurzen Pause fort.

„Außerdem hatten wir noch eine andere lustige Idee anlässlich des Merkel-Besuchs. Ich benutze manchmal eine Technik aus Frankreich. Cellophan-Graffiti. Man spannt Cellophan-Folie zwischen zwei Bäumen und baut so eine Wand, auf der man dann sprühen kann." Noman zündet sich seine Zigarette an: „Merkel kam in mein Viertel, um zu essen, und ich bekam Wind davon. Ich kannte das Restaurant, wo sie essen würde und wusste daher, wo sie lang musste. Also baute ich mir eine Cellophan-Wand direkt an der Straße und malte darauf in großen Buchstaben: „Angela geh nach Hause". Leider kam wenig später die Polizei. Eigentlich können sie nichts machen, da diese Technik nichts beschädigt. Trotzdem waren die beiden Polizisten ziemlich sauer und entfernten meine Nachricht an Frau Merkel. Nur zehn Minuten später fuhr dann ihr Konvoi vorbei. Verdammt schade."

„Definitiv schade!" Ich lehne mich zurück, schweige eine Weile und ziehe an meiner Zigarette. Zum ersten Mal merke ich, wie entspannt es ist, nicht jedes Wort hektisch mitschreiben zu müssen.

„Weißt Du", auch Nomen hat sich zurückgelehnt, „die ganzen Aktionen, spontane Protestkunst, die großen Bilder und auch die kleinen: die Politiker sehen sie. Wenn sie in Limousinen vorbeifahren, wenn sie durch Lissabon laufen, Fernsehen schauen oder die Zeitung lesen. Und ich will einfach, dass sie sich ein kleines bisschen schämen. Jedes Mal, wenn eines der Bilder vor ihnen auftaucht." Er nickt zufrieden und zusammen sehen wir eine Zeit lang den hin und her eilenden Menschen im Bahnhof zu.

„Welche politischen Bilder kamen nach dem Merkel-Bild?"

„Das „Pray for Portugal"-Bild, auf dem das kleine Mädchen mit gefalteten Händen betet. Danach habe ich dann das Anti-Troika-Bild gemacht."

„Stimmt", mir fällt das große Bild im Zentrum von Lissabon ein, „das habe ich auch gesehen."

„Ja, es war auch auf Facebook sehr beliebt, seltsamerweise wurde aber in den Medien fast nichts darüber berichtet. Obwohl das Ding metergroß über mehrere Tage mitten im Zentrum stand. Wirklich komisch."

„Weißt Du, wann politisches Graffiti angefangen hat und ob es aktuell auch in anderen Ländern existiert?"

„Wann es angefangen hat, kann ich nicht genau sage. Es gab aber schon 1974 im Rahmen der Nelkenrevolution einzelne Paintbrush-Malereien gegen die Regierung." Er wirft seine Zigarette auf den Boden und tritt sie mit dem Fuß aus: „Was andere Länder angeht, kenne ich nur sehr wenig politisches Graffiti. Wie gesagt, Graffiti ist eigentlich unpolitisch. Ich habe nur vereinzelte Graffitis mit Bezügen zur Krise aus Irland und Spanien gesehen. Es sind wenn dann auch meistens nur kurze Sätze. Ich hingegen male immer Bilder, zum Beispiel die Gesichter der Verantwortlichen. Nicht so abstrakt. Ich möchte eine direkte Botschaft kommunizieren. Der da ist es. Außerdem lösen Bilder viel mehr Emotionen aus und bekommen mehr Aufmerksamkeit. Menschen mögen Bilder."

Auf einmal werde ich müde. Gähnend denke ich an meinen kurzen, wenig erholsamen Schlaf letzte Nacht und schlage eine Kaffeepause vor. Wir stellen uns zusammen an eine Bar und trinken einen Espresso im Stehen, wieder auf der Bank angekommen, raffe ich mich noch einmal auf.

„Diese großen Bilder müssen doch allein an Materialkosten relativ teuer sein. Bezahlt Ihr das alles selber?"

„Ja, bei den allermeisten Bildern schon. Das „Pray for Portugal"-Bild haben wir zum Beispiel komplett selber finanziert. Wenn zu viele Sponsoren involviert sind, wird es schwieriger, dauert länger und wenn es dann endlich soweit ist und Du es malen sollst, hast Du eigentlich gar keine Lust mehr. Wir machen es in zwei, drei Tagen. Ich entwerfe ein Bild, einer malt die Character, einer den Hintergrund, keine große Organisation. Außerdem wird man durch Sponsoren beeinflusst und voreingenommen. Nein. Die Bilder sind 100% wir, von Herzen, aus Überzeugung, nichts anderes."

„Du kritisierst in Deinen Bilder die Kontrolle von außen durch Merkel, den IWF etc."

„Ja. Diese Instanzen kontrollieren unsere Regierung, die wiederum uns kontrolliert. Ich weiß, dass es keine magische Formel für die Lösung aller Probleme gibt, aber die uns aufgezwungene Politik scheint nicht im Interesse Portugals zu sein. Außerdem ist es nicht angenehm, von oben herab behandelt zu werden. Im Ausland nennt man uns PIIGS[49]. Das sagt Einiges."

---

49 PIIGS ist eine Abkürzung, die für die fünf Länder Portugal, Irland, Italien, Griechenland und Spanien steht.

„Woran bemerkst Du die problematische Lage?"
„Ich habe für einen normalen Auftrag an einer Wand, ungefähr von da bis da", er deutet auf die drei Meter zwischen einem Pfeiler und unserer Bank, „früher 500 oder 600 Euro bekommen. Heute sind es vielleicht noch 200. Für mich sind es die wirtschaftlich schwierigsten Zeiten, die ich je hatte. Trotz der ganzen Aufmerksamkeit in den Medien. Die Leute haben einfach kein Geld. Du bemerkst die angespannte Lage auch auf der Straße oder in der Metro. Man sieht Menschen, die mit sich selbst sprechen, alle haben besorgte Gesichter, sind nervös und gereizt. Ich bemerke diese veränderte Stimmung in Lissabon sehr deutlich."

6. JUNI 2013 – COIMBRA – PORTO

Nach der kurzen Nachtruhe, den vier Stunden Zugfahrt und dem Treffen mit Nomen habe ich mich gestern noch zu einer Stunde Jogging am Fluss Mondego gezwungen, um dann neun Stunden seligen Schlaf zu genießen. Frisch stehe ich um acht auf, verabschiede mich von Teka und mache mich einmal mehr mit meinen Rucksäcken auf den Weg zum Bahnhof. Die beiden Regionalzüge nach Porto brauchen für die 120 Kilometer zwar über zwei Stunden, aber die langsame Fahrt durch Weinberge mit „Hallelujah" von Jeff Buckley beschert mir einen der schönsten Glücksmomente meiner Reise.

Porto ist nicht das, was ich mir vorgestellt hatte. Die überall vernommen, lobenden Stimmen über diesen Hot-Spot Portugals kann ich auf meiner ersten Tour durch die Stadt nicht nachvollziehen. Zwar sehe ich die alten, charmanten, oft zerfallen Häuser, alles in allem ist die Innenstadt aber überraschend leer und der Himmel bewölkt, außerdem friere ich in meinem dünnen Kapuzenshirt. Lange wandere ich umher und mache mich schließlich ernüchtert auf den Heimweg, als ich plötzlich an einer Ecke eine Traube Menschen vor einer Bar stehen sehe. Drinnen hängen Vitrinen voller Bücher an den unverputzten Wänden, als ich an der Bar einen Wein bestelle, poliert der Kellner das Glas, bevor er es randvoll macht.

7. JUNI 2013 – PORTO

„Gott ist das Schweigen des Universums und der Mensch der Schrei, der diesem Schweigen Sinn verleiht." Über diesen bemerkenswerten Satz in den gesammelten Blogbeiträgen Saramagos bin ich schon auf dem Praça da República in Coimbra gestolpert. Gemeinsam mit einem hervorragenden Cappuccino im Café "Moustache" lese ich ihn nun wieder. „Gott ist das Schweigen des Universums und der Mensch der Schrei, der diesem Schweigen Sinn verleiht."

Abends sitze ich vor einem Teller Bolognese und sehe auf meinem Netbook die Tagesschau. Die Veröffentlichung der neusten Arbeitslosenzahlen aus den USA steht bevor und der ARD-Börsenexperte erklärt diesbezüglich ein interessantes Phänomen: Die Märkte hoffen, dass die Arbeitslosigkeit nur ja nicht gesunken ist. Nur so wird die amerikanische Notenbank der Hochfinanz weiterhin jede Menge billiges Geld zur Verfügung stellen, was das einzig Entscheidende in der modernen Wirtschaftsordnung zu sein scheint. Ich spule zurück, um sicher zu gehen, dass ich es richtig verstanden habe. Kein Zweifel.

8. JUNI 2013 – PORTO

Teka hatte recht. „Serralves em Festa" ist definitiv eine Reise wert. Serralves ist eines der größten Kulturzentren des Landes und liegt 15 Busminuten westlich des Zentrums von Porto. Inmitten des weiten Parks mit Teichen, Bänken und gestutzten Hecken liegt ein futuristisches Museum für moderne Kunst und eine große Villa für Tanz und Kino. Ich habe großes Glück an genau diesem Wochenende in Porto zu sein, denn einmal im Jahr und just heute lädt die Kulturstiftung Serralves zum Fest. Auf dem riesigen Gelände sind weiße Zelte aufgebaut, es gibt Bier und Würstchen, kleine Bühne zwischen Bäumen mit Zauberern oder Theater und außerdem ungefähr 100 Musikkonzerte. Ich schlendere mit einem Bier in der Hand durch diese lustige Künstlerwelt, höre das Ende eines Konzerts der WDR Big-Band, steige auf Caipirinha um und betrete dann das Museum für moderne Kunst. Die Ausstellung in den weiten, hellen Räumen gefällt mir, allerdings nur, bis mich eine junge Frau, die einem elektrischen Cello furchtbare Geräusche entlockt, nach einer halben Stunde wieder aus dem Museum verscheucht.

Als ich abends wieder im Zentrum bin, drehe ich noch eine kleine Runde, die Straßen sind unglaublich voll von jungen, trinkenden Menschen, lauten Stimmen und orangenem Licht. Porto scheint doch etwas von einem Hot-Spot zu haben, müde versuche ich, mich zu einem weiteren Bier zu überreden, mache mich dann aber doch auf den Weg in mein Hostel.

9. JUNI 2013 – PORTO

In einer komischen Katerstimmung gefangen fühle ich das starke Verlangen nach Weite und Meer. Ich nehme die Metro bis nach Matosinhos und wandere drei Stunden entlang der Küste unter einem Mix von Sonne und Wolken wieder ins Zentrum. Durchgepustet und angenehm müde gönne ich mir eine ausgiebige, warme Dusche im Hostel. Am Abend liege ich im Bett und lese die letzten Seiten von Saramagos Tagebuch. Ich finde nicht alle seine Gedanken sehr eingänglich, oft muss ich den Kopf heben und habe trotzdem das unbefriedigende Gefühl, den Sinn des Gelesenen nur ungefähr zu erahnen. Trotzdem stoße ich doch immer wieder auf kurze, kluge Sätze des portugiesischen Altmeisters. Ich schließe das Buch, lösche das Licht und denke an seine Worte: „Wer schauen kann, der sehe. Wer sehen kann, der betrachte".

10. JUNI 2013 – PORTO

In der Europäischen Presselandschaft regt sich langsam das Interesse für den morgigen Tag in Karlsruhe. Das Bundesverfassungsgericht verhandelt über den Europäischen Stabilitätsmechanismus sowie die Rolle der Europäischen Zentralbank und beim Frühstück finde ich die ersten Artikel zu den inzwischen europaweit berühmten Männern in Rot. Vor allem die Europäische Zentralbank steht im Focus der Verhandlungen und so äußert sich diese respektvolle Institution vorsichtshalber schon heute zu den katastrophalen Auswirkungen eines für sie negativen Urteils. Herr Asmussen, seines Zeichens Mitglied des EZB-Direktoriums, erklärt in den zweieinhalb Millionen Bild-Zeitungen des heutigen Tages dann auch lustigerweise mit keinem Wort die rechtlichen Grenzen der EZB-Politik, sondern stellt nur klar: Ein Urteil, welches die EZB einschränke, hätte „erhebliche Konsequenzen". Alle großen Nachrichtenportale - FAZ, Süddeutsche und Spiegel – berichten ebenfalls über das Interview: EZB warnt Bundesverfassungsgericht, Problemländer, unkontrollierter Zerfall der Eurozone, allerorts liest man von dem angeblich drohenden Horror. Stirnrunzelnd beiße ich in mein weiches Tost.

Nach dem morgendlichen Ärger über die unverblümten Drohungen in Richtung Karlsruhe habe ich mich beruhigt und trinke einen Cappuccino in meinem Schreibcafé, dem Moustache. Obwohl ich mich in Portugal befinde, habe ich beschlossen ein italienisches Buch einzuschieben und bin froh, dass ich es getan habe: „Bezahlt wird nicht!" von Dario Fo ist wunderbar. Auf der vorletzten Seite lese ich die flammende Rede Giovannis, eine der Hauptpersonen des Stücks:
„Einem Großkapitalisten kannst Du nicht sagen: Ach bitte, würden Sie vielleicht mal ein Stück rücken. Wir kriegen keine Luft mehr. Könnten Sie nicht etwas freundlicher sein, ein bisschen verständnisvoller... einigen wir uns ... nein! Die einzige Art mit ihnen zu reden ist, dass du sie ins Klosettbecken steckst... und dann an der Strippe ziehen!" Ich lege das Buch auf den Tisch und lasse die Sätze aus der Feder Dario Fos auf mich wirken. Während ich nachdenklich über den Platz vor dem Café Mustache starre, fallen mir zum ersten Mal die vielen Männer auf, die auf leeren Parkplätzen stehen und für ein paar Cent Autos in die riesigen Lücken winken. Traurig und verlassen stehen die alten Männer am Straßenrand.

11. JUNI 2013 – PORTO

Heute verhandelt nun endlich das Bundesverfassungsgericht und zu gerne würde ich dabei zu sein. Leider erwartet mich stattdessen ein Tag an der Autobahn und etwas missmutig schaue ich aus dem Fenster. Draußen regnet es dünne Fäden aus tief hängenden Wolken, aber ich verdränge die Gedanken an die mir bevorstehenden Stunden und konzentriere mich auf die Berichterstattung zur mündlichen Verhandlung in

Karlsruhe. Die Drohkulisse, deren Fundament schon gestern gewissenhaft von der EZB gelegt wurde, ist bis zum heutigen Morgen beträchtlich angewachsen. Frau La Garde meldet sich persönlich aus Washington, um zu erklären, die EZB habe eine „Katastrophe" verhindert, ohne ihre beherzte Bedienung der Druckerpresse gäbe es heute in Europa „wirtschaftliche Stagnation, höhere Arbeitslosigkeit und noch mehr soziale Spannungen". Auch Frau Merkel fühlt sich berufen, Stellung zu beziehen und lobt in Berlin die Politik der Europäischen Zentralbank ausdrücklich, die großen deutschen Medien erledigen das Übrige. „Die Richter hätten die Macht, die Währungsunion ins Chaos zu stürzen", lese ich als Überschrift auf Spiegel Online, aber die Richter würden ja wohl nicht in Kauf nehmen wollen, „für etwaige Turbulenzen an den Kapitalmärkten verantwortlich gemacht zu werden" ergänzt die FAZ. Keine einzige kritische Stimme scheint sich zu fragen, warum unsere Werteordnung dem psychologischen Wohlbefinden einer Handvoll Finanzinvestoren unterzuordnen ist und langsam bemerke ich, wie mein Blutdruck ungesund zu steigen beginnt. Ich atme tief durch, klappe schnell mein Netbook zu und mache mich auf den Weg zu meiner vierten Erfahrung als Anhalterfahrer. Die anspruchsvolle Strecke heute: Porto – Madrid. 562 Kilometer.

Alles spricht für einen erfolgreichen Tag. Porto ist eine Industriestadt, Madrid die größte Metropole auf der iberischen Halbinsel und auch der junge Mann am Empfang meines Hostels macht mir Mut. Der Weg zur Autobahnauffahrt ist kurz, der Spot an einem großen Kreisverkehr purer Luxus, viel grün, eine Tankstelle mit kalten Getränken 30 Meter entfernt und alle fünf Minuten fährt ein LKW an mir vorbei. Selbstsicher stelle ich mich mit meinem Schild an die Straße. Es scheint nur eine Frage von Minuten zu sein, bis einer der vielen Lastwagen anhält.

Fast sechs Stunden später gebe ich auf. Ich habe in der Tankstelle drei Truckfahrer nach einer anderen Auffahrt gefragt und nur mitleidige Blicke geerntet, mein Ziel erst auf Salamanca und dann auf Aveiro geändert, nichts. Die vielen LKWs und die wenigen teuren Autos mit schönen aber gelangweilten Frauen auf dem Beifahrersitz rauschen an mir vorbei, als wäre ich unsichtbar. Ich trotte müde zurück in das Hostel, die vier Regionalzüge nach Madrid kosten das gleiche wie eine Übernachtung plus das Busticket, also bleibe ich und gönne mir ein Abendessen in einem Restaurant um die Ecke. Auf einem Fernseher läuft Fußball, ich esse ein Steak mit Spiegelei und Fritten, trinke ein kaltes Bier und strecke meine müden Beine unter dem Tisch aus. Im Aufenthaltsraum meiner Unterkunft verliere ich noch einmal fast die Beherrschung, eine Gruppe Mädchen auf Abiturfahrt geht geschlossen um halb elf ins Bett „um morgen schön frisch zu sein", aber als sie weg sind schüttele ich nur den Kopf. Vor dem Einschlafen regt sich langsam eine selige Vorfreude in mir. Morgen erwartet mich Madrid. Heimat von Cervantes, Inspiration von Goya und Dalí, Bollwerk des Widerstandes gegen Franco, die laute, spanische Metropole, eine meiner Lieblingsstädte weltweit. Madrid.

FÜNFTES KAPITEL
SPANIEN

12. JUNI 2013 – PORTO – MADRID

Als ich am Busbahnhof ankomme sehe ich schon von weitem Berge von Plastiksäcken neben dem Bus. Eine Gruppe bunt gekleideter Frauen und Männern in Jogginghosen steht neben den blauen Säcken und beginnt, kaum haben sich die Klappen geöffnet, alles gemächlich im Bauch des großen Busses zu verstauen. Ich stehe daneben und wundere mich eine Weile, warum man mit einer Schaufel verreisen würde, zucke dann aber die Schulter und setze mich hinten in den Bus ans Fenster. Die Fahrt verschlafe ich größtenteils, in den wenigen wachen Momenten bewundere ich die knallblaue Weite des Himmels über der iberischen Steppe. In Madrid-Süd bitten mich die Frauen um Hilfe beim Ausladen, natürlich packe ich sofort mit an, allerdings nur bis mir auffällt, dass die Männer der Gruppe lachend im Schatten stehen und mir zusehen, wie ich Plastiktaschen schleppe.

Almudenas Bruder wohnt in Montecarmelo, einem ruhigen Wohnviertel im Norden von Madrid. Es ist das erste Treffen mit einer mir bekannten Person seit fast acht Wochen und ich freue mich von ganzem Herzen auf Cardi und seine Freundin Ali. Sie holen mich mit dem Auto von der Metrohaltestelle ab, klopfen mir auf die Schulter und laden mich zu einem Burger und einem Pitcher Bier ein. Bei Ihnen Zuhause wartet ein eigenes Zimmer auf mich, schwer lasse mich auf das frisch bezogene Bett fallen.

13. JUNI 2013 – MADRID

José Luis Fernández Fernández ist Professor für Betriebswirtschaftslehre an der „Universidad Pontificia Comillas" in Madrid. Die katholische Privatuniversität gilt als eine der besten Hochschulen des Landes und darüber hinaus als ausgesprochen konservativ. Vor allem wegen der politischen Ausrichtung bin ich gespannt auf die Meinungen von Prof. Fernández, der immerhin den Forschungsschwerpunkt Wirtschaftsethik hat und kurzfristig zu einem Interview bereit war. Ich treffe ihn in der Eingangshalle der wirtschaftswissenschaftlichen Fakultät, er ist um die 50 Jahre alt, hat einige geplatzte Äderchen um die große Nase, und führt mich freundlich in eine Bar gegenüber der Universität. Wir setzen uns draußen an die breite Straße und ich klappe mein Notizbuch auf.

„Herr Fernández, wie kam es in Spanien zu der verheerenden Immobilienblase?"
„Der Bausektor war über viele Jahre das Zugpferd der spanischen Wirtschaft. Spätestens mit der Finanzkrise 2007 wurde aber klar, dass es auch in Spanien aufgrund des sehr aufgeblähten Immobilienmarktes massive Schwierigkeiten geben würde. Leider

standen die Wahlen im März 2008 vor der Tür. Deswegen hat die Regierung Zapatero[50] die Probleme lange verleugnet."

"Viele sehen die Ursachen für die Immobilienblase in den Gesetzen der Regierung Aznar[51]."

Ausweichend wiegt Prof. Fernández den Kopf: "Was den Bauboom genau ausgelöst hat, ist schwierig zu sagen. Es gab sicherlich viele Faktoren." Er will gerade weiter ausholen, da steht ein großer, leicht untersetzter Jugendlicher neben uns am Tisch. Herr Fernandez stellt ihn mir als seinen Sohn vor und beginnt ihm, wie bereits mir zuvor, von einer Konferenz zu berichten, bei der er heute Morgen einige Worte an den spanischen Thronfolger richten dürfte. Der Sohn beobachtet, während er seinem Vater ruhig zuhört, aus den Augenwinkeln die Straße und verabschiedet sich im Anschluss schnell aber höflich. Nachdem er weg ist, erzählt Herr Fernández noch eine Zeit lang von den Fähigkeiten und Vorzügen seines Nachwuchses, nach einer Weile schaffe ich es aber, das Gespräch wieder auf die Krise in Spanien zu lenken.

"Herr Fernandez, wie kann man den Menschen erklären, dass Milliarden in die Bankenrettung fließen, parallel aber die gesetzlichen Renten oder die Erasmus-Stipendien gekürzt werden?"

"Ich bin kein Gegner der Bankenrettung. Man musste dem Bankensektor helfen. Aber: Man hätte es deutlich intelligenter machen müssen. Nicht alle Teile des Bankgeschäfts waren es wert, gerettet zu werden. Man hätte außerdem die verantwortlichen Investoren an den Kosten beteiligen müssen. Das alles ist nicht geschehen. Der Staat hat einfach nur die Gießkanne ausgepackt und Steuergeld in das System gepumpt. Man hätte es deutlich klüger anstellen können."

Er rührt ein wenig in seiner kleinen Kaffeetasse: "Und das Geld fehlt jetzt natürlich. Dass man Erasmus-Stipendien kürzt, ist nicht sehr glücklich. Erasmus ist fundamental für die europäische Integration und eines der wichtigsten EU-Programme überhaupt. Für ein gemeinsames Europa gibt es wenig bessere Ideen, als jungen Menschen eine Zeit im europäischen Ausland zu ermöglichen."

"Auch die EZB versucht zu helfen und stellt europäischen Bankhäusern unbegrenzt Kredite zu niedrigen Zinsen zur Verfügung. Was halten Sie von dieser Politik?"

"Es ist wichtig, die Märkte in der jetzigen, angespannten Situation zu beruhigen. Allerdings: Die Banken in Spanien geben das Geld nicht weiter. Es kommt nicht in der Wirtschaft an. Das Risiko ist wegen der schlechten Gesamtlage zu groß, stattdessen

---

50 José Luis Rodríguez Zapatero ist ein Politiker der spanischen, sozialdemokratischen Arbeiterpartei „Partido Socialista Obrero Español" (PSOE). Er war von April 2004 bis Dezember 2011 spanischer Ministerpräsident.

51 José María Aznar ist Politiker der konservativen Partei „Partido Popular" und war von Mai 1996 bis März 2004 spanischer Ministerpräsident.

fließt das Geld in andere Bereiche wie Spekulation, Staatsanleihen, usw."
„Wie könnte man dieses Problem lösen?"
„Zum Beispiel könnte man die Banken zwingen, einen Teil des Geldes weiterzugeben. Irgendwie muss die Realwirtschaft wieder an Kredite, an Liquidität kommen. Anders kommen wir nicht wieder auf die Beine. Außerdem: Was ist ein Bankenwesen, das die Realwirtschaft nicht mit Kredite versorgt?" Er zuckt mit den Schultern: „Ein reines Casino."

Am Nachmittag sehe ich endlich Almudena wieder. Ich drücke sie fest an mich, die Zeit ist wie im Flug vergangen, trotzdem waren wir einfach zu lange getrennt. Wir sind zum ersten Mal gemeinsam in Madrid und stolz zeigt Almudena mir die Stadt, in der sie acht Jahre gelebt hat. Ich bewundere Lavapiés, das Kreuzberg von Madrid, das schicke Schwulenviertel Chueca und die vielen herrschaftlichen Häuser um den Park Retiro, die Madrid wie ein iberisches Paris wirken lassen. Wir essen Tapas und Schinken auf dem Markt San Miguel, trinken Bier auf den vielen kleinen Plätzen in Malasaña und sitzen bei Sonnenuntergang vor dem Templo de Debod. Langsam verwandelt die sich das klare Blau über Madrid in leuchtendes Orange. Man kann von dem bekannten Aussichtspunkt bis auf die Berge sehen und ich bekomme eine Ahnung von der Wüste, die die riesige Großstadt umgibt.

14. JUNI 2013 - MADRID

Lange nachdem der ältere Herr mir von draußen zugewinkt hat, starre ich noch in den großen Spiegel mir gegenüber. Ursprünglich war ich über die Zusage dieses wichtigen Gesprächspartners sehr glücklich gewesen. Ich hatte mich auf interessante Einblicke in den kritischen Journalismus der Krise vorbereitet und auf einen intellektuellen, linken Pressevertreter gefreut. Umso härter ist der Schock, als mein Gegenüber Stück für Stück mit seinen Ansichten herausrückt. Nur langsam erhole ich mich, nehme den Blick von dem Spiegel und beginne, meine Aufzeichnungen durchzugehen.
Die einzig wirklich interessante Information der letzten anderthalb Stunden ist der Hinweis auf eine Studie der Deutschen Bank vom September 2007, die den schönen Titel trägt: „Spanien 2020 – die Erfolgsgeschichte geht weiter"[52]. Die Deutsche Bank prophezeit darin, dass Spanien Deutschland schon 2020, was das BIP pro Kopf angehe, überholt habe und der spanische Aufschwung vor allem eins sei: äußerst nachhaltig. Davon abgesehen überrascht mich der erfahrene Journalist aber mit einer Reihe von Aussagen, die außergewöhnlich unkritisch und wirtschaftsliberal sind: „Jugendarbeitslosigkeit? Ja, sie liegt offiziell zwar bei 57%, aber wenn man Studenten,

---

52 Sie finden die Studien unter: www.dbresearch.de/PROD/DBR_INTERNET_DE-PROD/PROD000000000000215308.PDF

Lehrlinge etc. dazu nimmt, sind es nur 20% der Jugendlichen, die wirklich Arbeit suchen. Das verkraftet eine Gesellschaft. Außerdem arbeiten viele dieser 20% ja auch noch schwarz."

„Die Reformen sind sozial unausgeglichen? Vielleicht. Andererseits wird auch bei Kultur und Militär gestrichen, insofern hält sich insgesamt schon die Balance. Außerdem ist die augenblickliche Politik schlicht alternativlos. Würde man große Unternehmen oder Vielverdiener belasten, wäre eine massive Kapitalflucht die Folge. Andere als die augenblicklichen Maßnahmen sind unrealistisch und würden nicht funktionieren." Nachdem er mich noch mit der Tatsache überrascht hat, dass „die Mehrheit die harte Sparpolitik gut findet, da die Mehrheit der Menschen ja noch Arbeit hat", kommt er zum Abschluss noch zum Hauptproblem des Landes, dem 100 Milliarden europäische Steuergelder exklusive für die Bankenrettung versprochen wurden: „Individuelles Versagen."

15. JUNI 2013 – MADRID

Wir frühstücken ausgiebig und treffen an diesem sonnigen Samstagmittag Almudenas Cousin Santi. Zusammen mit einigen seiner Freunde klingeln wir an einem Wohnhaus im Zentrum und nehmen den Fahrstuhl in das oberste Stockwerk, wo sich zu meiner Überraschung eine kleine Bar befindet. Um den großen Raum der „Casa de Granada" läuft ein schmaler Balkon mit Blick über die Stadt, auf dem wir kurze Zeit später im Schatten sitzen und Gin Tonic trinken. Gemächlich plätschert das Gespräch dahin, während von unten das Stimmengewirr des geschäftigen Madrids zu uns hinaufsteigt.

Um 20 Uhr haben Almudenas Eltern Karten für das „Teatro Español". 1565 gegründet ist es eines der ältesten und bekanntesten Theater Spaniens, in dem prachtvollen Saal wandert mein Blick über den roten Samt und die goldenen Logen. Vor allem aufgrund der hervorragenden Darsteller gefällt mir das Stück „La Chunga" von Vargas Llosa sehr. Nachdem der Vorhang gefallen ist, ergattern wir auf dem Platz Santa Ana vor dem Theater einen Tisch in einem Restaurant. Als endlich der dienstbereite Kellner neben uns steht, ermahnt Almudenas Vater ihn: „Bitte bringen Sie schnell eine Flasche Wein!" Er zeigt auf mich: „Der junge Mann wird sehr nervös, wenn er vor einem leeren Glas sitzt."

17. JUNI 2013 – MADRID

Der weitläufige Campus der Autonomen Universität Madrid[53] liegt eine halbe Stunde Bahnfahrt vom Zentrum entfernt. Ich wandere über das riesige Gelände, auf dem sich Wiesen und Bäume mit kleinen Steinbänken und flachen Gebäuden im 60er-Jahre-

---

53 Auf Spanisch: Universidad Autónoma de Madrid.

Stil abwechseln. Obwohl der Himmel bewölkt und die Temperatur seit gestern um zehn Grad gefallen ist, kann ich mir den Campus gut in der Sonne und bevölkert von den immerhin 33.000 Studenten vorstellen. Vor dem Gebäude des soziologischen Instituts bleibe ich stehen und werfe einen wehmütigen Blick auf die Treppen mit den rauchenden, plaudernden Studenten, bevor ich die Treppe hinaufsteige.

Professor Antonio Antón Morón ist mir auf der Internetseite der Universität vor allem durch sein umfangreiches Engagement in verschiedenen Gewerkschaften sowie seine Forschung im Bereich Arbeitsbedingungen und Sozialstaatlichkeit aufgefallen. Er hat seit 2009 insgesamt fünf Bücher zu den sozialen Veränderungen durch die Krise geschrieben, ist seit nunmehr zehn Jahren Soziologieprofessor und schreibt außerdem regelmäßig für die größte spanische Internetzeitung „El Publico". Ich schätze Herrn Professor Anton Morón auf Mitte 60, er ist schlank und hat ein faltenfreies, jung gebliebenes Gesicht.

„Herr Antón Morón, welche Sozialleistungen sind augenblicklich am meisten von den Kürzungen betroffen?"
„Der Sozialstaat hat grundsätzlich drei Säulen. Die Rente, das Gesundheitssystem und die Arbeitslosenhilfe. Hierfür gibt der Staat das meiste Geld aus. In diesen drei Bereichen, gemeinsam mit dem Bereich Bildung, sind die stärksten Kürzungen zu verzeichnen."
„Gab es in der modernen Geschichte bereits einen Sozialabbau wie den augenblicklichen?"
„Ich sehe die aktuelle Politik eher in einer Linie mit den Entwicklungen der letzten 30 Jahre. Im Grunde ging es mit der Ölkrise 1979 und dem Sozialabbau durch Margreth Thatcher in den 80er Jahren los. Der nächste große Meilenstein in der jüngeren Geschichte des Sozialabbaus war dann die Agenda 2010 von Gerhard Schröder aus dem Jahr 2003. In der Folge haben sich viele der sozialdemokratischen Parteien in Europa, zum Beispiel die Labour-Partei unter Tony Blair, dieser Politik angeschlossen. Schlussendlich kam dann 2007 die Finanzkrise mit der Austeritätspolitik seit 2010."
„Wie kam es zur Krise in Spanien?"
„Wie Sie sicherlich wissen, war das große Problem der aufgeblähte Immobiliensektor. Als diese Blase nach der US-amerikanischen Finanzkrise 2007 platzte, brachen dem spanischen Staat die Steuereinnahmen weg und die Sozialausgaben explodierten. Im Anschluss wurde den überschuldeten Banken dann noch mit Milliarden Steuergeldern geholfen. Das alles zusammen hat den spanischen Staat in den Bankrott geführt."
„Gab es zu dem großangelegten Banken-Bailout Alternativen?
„Ich denke schon, dass es Alternativen gab. Aber für die Länder, deren Banken hohe Forderungen gegen spanische Banken hatten, war der Bailout sehr wichtig. Spanische

Kreditinstitute hatten vor allem bei deutschen Banken hohe Schulden.[54] Gegen diese mächtigen Interessen, den eigenen Bankensektor vor Verlusten zu schützen, war eine andere Politik als die umfassende Bankenrettung schwierig. Es ist kein Geheimnis, dass die Hilfsgelder primär der Bedienung ausländischer Schulden dienen."

„Hat das viele Geld die Lage beruhigt oder werden die europäischen Steuerzahler noch mehr Geld verlieren?"

Er lächelt nachsichtig: „Sehen Sie: In Zukunft werden die Schulden der Banken direkt vom Europäischen Stabilitätsmechanismus, also unmittelbar vom europäischen Steuerzahler, übernommen. Das Hilfsgeld fließt also nicht mehr zuerst an den Staat und dann in die Banken, sondern ohne Umweg direkt in den Finanzsektor. Das ganze System ist darauf ausgelegt, dass die öffentliche Hand für private Schulden aufkommt. Ich glaube daher, dass auf den europäischen Steuerzahler noch deutlich höhere Kosten zukommen werden. Denn die europäischen Banken sind hoch verschuldet und haben nicht das Kapital, selber dafür geradezustehen."

„Wie kam es überhaupt zu der Blase in Spanien?"

Herr Morón atmet tief durch: „Durch den Euro und die Kapitalverkehrsfreiheit kamen Unmengen billiges Geld nach Spanien. Man hätte das viele Kapital intelligent nutzen müssen, um eine moderne, zukunftsfähige Industrie aufzubauen. Leider war das nicht im Interesse der großen, ausländischen Bankenhäuser, von denen das Geld kam. Es wurde also in Bereiche investiert, die kurzfristig Gewinne versprachen, wie beispielsweise den Immobiliensektor. So entwickelte sich die Blase." Er lässt mir ein paar Sekunden Zeit, bevor der fortfährt: „Dazu kommt, dass der Eurobeitritt eine ungeschützte Konkurrenzsituation mit den wirtschaftlich stärkeren europäischen Ländern geschaffen hat. Das hat der spanischen Industrie, genau wie der portugiesischen, geschadet und die Verschiebung der Investitionen zu weniger nachhaltigen Bereichen, wie der Immobilienspekulation, verstärkt."

„Sie sehen die Entwicklung also als ein grundlegendes Problem des Systems der EU und des Euro?"

„Ja. Das uneingeschränkte Recht, Kapital zu investieren und Profite zu machen war und ist eines der Hauptprobleme. Da die EU und der Euro auf diesen Prinzipien basieren, glaube ich, dass das europäische System nicht auf die Schaffung einer nachhalti-

---

54 Nach der Bank für internationalen Zahlungsausgleich hatten deutsche Banken 2008 Forderungen gegen Spanien in Höhe von 315 Milliarden US-Dollar. Nach Recherchen des Deutschlandfunks waren deutsche Banken in Italien, Irland und Spanien 2008 insgesamt mit fast 600 Milliarden US-Dollar engagiert. Bis 2013 haben sich diese Ausstände auf 208 Milliarden Dollar reduziert. Die Rückzahlungen an deutsche Banken wurden in voller Höhe und mit Zinsen geleistet. Für den lesenswerten Artikel des Deutschlandfunks siehe: www.deutschlandfunk.de/verzweifelte-immobilienschuldner-in-spanien.724.de.html?dram:article_id=252054

gen, modernen Industrie in ganz Europa gerichtet ist."

Ich notiere, unterstreiche und stelle meine nächste Frage, die mehr zur Profession meines Gegenübers passt. „Glauben Sie, dass diese Politik langfristig wieder zu Feindschaft zwischen den Völkern Europas führen wird?"

„Ich denke es ist wichtig, wer als Gegner identifiziert wird. Im Süden ist das bis jetzt vor allem die eigene Politikerkaste und die Finanzwelt. 80% der spanischen Bevölkerung misstraut der Politik. Die Bewegung des 15M[55] mit ihrer Forderung nach mehr direkter Demokratie ist der bekannteste Ausdruck dieses Misstrauens. Im Norden wird, meinem Eindruck nach, eher ganz Südeuropa als Problem gesehen. In diesem Zusammenhang spielen vor allem die Medien eine sehr unglückliche Rolle. Es wird am laufenden Band das Stereotyp des faulen, korrupten Südländers kommuniziert. Diese Ressentiments im Norden sind vielleicht noch gefährlicher."

„Welche Entwicklungen erwarten Sie für die Zukunft? Den Zerfall der Eurozone?"

„Die Horrorszenarien, die man liest, sind meiner Ansicht nach vor allem ein politisches Mittel, um die augenblickliche Politik durchzusetzen. Ich glaube aber auch ohne den Zerfall der Eurozone nicht an den großen Knall, also an gewalttätige Ausschreitungen oder Ähnliches. Ich denke die Situation wird sich immer weiter verschlechtern, die Armut wird zunehmen und es werden mehr Menschen auf die Straße gehen. Gemeinsam mit Frankreich könnten die südlichen Länder so Druck aufbauen, um eine Änderung der Politik zu erreichen. Aber ein solcher Prozess dauert natürlich seine Zeit. Realistisch betrachtet wird es noch vier bis fünf Jahre dauern, bis wir wirklich eine Abkehr von der jetzigen Politik erwarten können."

Mein nächster Gesprächspartner unterscheidet sich deutlich von Prof. Antón Morón. Joaquin Leguina ist ein Vollblutpolitiker. Er ist nicht nur eine Institution des sozialdemokratischen Spaniens, sondern auch ein Bekannter der Tante der Freundin des Bruders von Almudena, nach spanischem Verständnis also ein enger Freund. Am Samstagnachmittag offensichtlich bei der Siesta gestört, bestellt mich eine müde Stimme am Telefon für Montag 13:00 Uhr in die Gran Via Nummer 6. Eilig vom Campus der Universität ins Zentrum gefahren, stehe ich pünktlich vor einem majestätischen Gebäude an der breiten Prachtstraße Madrids. In der Mitte einer breiten, geschwungenen Treppe fährt mich ein Aufzug langsam in den dritten Stock, wo mich eine freundliche, hochprofessionelle Sekretärin empfängt und mich in das große Büro von Joaquin Leguina leitet. Hinter seinem Sessel sieht man durch die Vorhänge die Fahnen an der Fassade des Gebäudes wehen, ich nehme Platz und räume mir, mit seiner freundlichen Genehmigung, ein Fleckchen auf seinem Schreibtisch für mein Notizbuch frei. Er hat einen kleinen Schnurrbart, ist etwas korpulent und insgesamt so etwas wie

---

55   „15M" nennt man eine spanische Protestbewegung, die am 15. März 2011 begann.

die spanische Version von Elmar Brok, ein Vergleich, der sich vor allem durch seine direkte und etwas konfrontative Art der Gesprächsführung aufdrängt. Durch die dicke Brille schauen mich kleine, blaue Augen an, gespannt mustere ich das politische Schwergewicht auf der anderen Seite des Tisches, wo immerhin Erfahrung aus 12 Jahren als Ministerpräsident der Provinz Madrid, 13 Jahren als Abgeordneter im spanischen Parlament und 13 Jahren als Generalsekretär der PSOE[56] sitzen.

„Herr Leguina, was ist Ihrer Meinung nach das Hauptproblem der augenblicklichen, spanischen Politik?"

„Wenn man die Nachfrage abwürgt, steigt die Arbeitslosigkeit. Meine Oma hat immer gesagt: um aus der Grube zu kommen, muss man erst mal aufhören zu graben. Und genau das tun wir im Augenblick nicht. Wir graben weiter und weiter."

„Was wären die Alternativen?"

„Die Alternativen müssten europäisch sein. Vor allem bräuchten wir eine Zentralbank, die handlungsfähig ist."

„Als Antwort die Notenpresse anzuwerfen wird in Deutschland kritisch gesehen. Man fürchtet Inflation."

„Eine leichte Inflation wäre zu verkraften. Muss ein Euro einen Dollar dreißig wert sein?"

„In diesem Punkt ist Deutschland, wohl auch aus historischen Gründen, etwas sensibel."

„Die Hyperinflation in Deutschland ist fast 100 Jahre her. So langsam könnte man damit abschließen."

„Wachsen aufgrund dieser unterschiedlichen Ansichten die Ressentiments gegenüber Deutschland generell?"

„Ich denke nicht. Die Deutschen sind in Spanien sehr angesehen." Er lächelt verschmitzt.

„Zurück zu den Anfängen der Krise in Spanien. Nach dem Platzen der Immobilienblase mussten Milliarden in den Bankensektor gepumpt werden. Gab es keine Alternative zu diesem großangelegten Banken-Bailout?"

„Wenn die Banken pleitegehen, muss man etwas tun. In Europa hatte man vor allem große Angst vor den Konsequenzen, die der Bankrott von Lehman in den USA hatte. Dies hat eine etwas ruhigere, intelligentere Antwort auf die Finanzkrise wahrscheinlich erschwert."

„Diese internationale Finanzkrise wird von vielen als Folge mangelnder Regulierung und Kontrolle im Finanzsektor gesehen. Kann man eine internationale Finanzökonomie wie die heutige überhaupt effektiv kontrollieren?"

---

56   PSOE steht für: „Partido Socialista Obrero Español", auf Deutsch: „Spanische Sozialistische Arbeiterpartei".

„Selbstverständlich. Wozu haben wir denn die G8 oder die G20? Man könnte die Märkte ohne weiteres in ihre Schranken weisen. Man will nur nicht."

„Wie sehen Sie die Zukunft Europas? Sollten mehr Kompetenzen auf die EU transferiert werden?"

„Ja."

„Warum möchten Sie einer EU weitere Macht einräumen, deren augenblickliche Politik Sie so harsch kritisieren?"

Er zuckt mit den Schultern: „Ich denke, dass die Väter des vereinigten Europas wie Schumann oder Monet diese Vision hatten: einen föderalen, europäischen Staat. Entscheidungen können ruhig in Brüssel getroffen werden, nur muss klar sein, wer die Verantwortung trägt. Jemand muss für die Entscheidungen die Backe hinhalten und sich vor einem Parlament erklären. Das ist augenblicklich nicht der Fall."

„Aber war nicht schon die gemeinsame Währung keine gute Idee?"

„Nein, denn billiges Geld muss nicht schlecht sein. Es kommt nur darauf an, wofür man es verwendet. Das viele billige Geld, das der Euro brachte, wurde in Spanien zum Großteil für Spekulationen im Immobiliensektor benutzt. Ungelernte Arbeiter, die über keinerlei Sicherheiten verfügten, wurden zu Tausenden von den Banken zu Immobilienkäufen gedrängt. Das hat uns die Immobilienblase eingebrockt. Man muss den Kapitalverkehr vernünftig kontrollieren und die Chancen, die er bringt, im Sinne der Realwirtschaft nutzen. Mit dem vielen billigen Geld hätte man in Spanien eine moderne, nachhaltige Industrie aufbauen können."

„Wird es die Eurozone in fünf bis zehn Jahren noch in der gleichen Zusammensetzung geben?"

„Ich hab keine Kristallkugel, aber ich kann sagen: Wir brauchen sehr bald wieder Wirtschaftswachstum. Drei oder vier weitere solche Jahre wird man nicht durchhalten."

„Wann wird die Wirtschaft in Spanien wieder wachsen?"

„Die Regierung geht 2014 von einem Wirtschaftswachstum aus."

„Glauben Sie ernsthaft an ein Wachstum im nächsten Jahr?"

„Ich sagte, die Regierung ist offiziell dieser Ansicht."

Da er sehr kurz und knapp antwortet, bin ich deutlich vor der Zeit mit meinen Fragen durch. Wir ergehen uns noch ein bisschen in der Tagespolitik, seine Meinungen sind unverblümt und meist von einem spitzbübischen Lächeln begleitet, oft klopft er sich mit der flachen Hand gegen die Stirn, um die geistigen Kapazitäten einzelner Politiker adäquat zu beschreiben. Am Ende schiebt er mir zwei Kapitel seines noch unveröffentlichten Buches über den gewaltigen, dunklen Holztisch und bringt mich persönlich zum Fahrstuhl. Der kleine Mund unter dem Schnauzbart lacht freundlich, als er meine Hand zum Abschied fest drückt.

18. JUNI 2013 – MADRID

Nur der Kopf von Pablo Iglesias, dem Gründer der PSOE und der Gewerkschaft UGT[57], ist normal groß, der Rest des Statur besteht aus wuchtigen, eckigen Metallstücken, die aus dunkler Bronze gegossen sind. Der wichtigste aller spanischen Arbeiter steht im Erdgeschoss der Calle Hortaleza 88, dem Sitz der UGT, und ich mustere ihn gerade interessiert, als ich hinter mir Schritte höre. Frau Sindicato (Anm.: Der Name wurde auf Wunsch geändert) führt mich in ein kleines Büro, wo der Putz von den Wänden blättert, und setzt sich hinter einen kleinen Schreibtisch. Leider, sie zeigt ihre Handflächen, sei sie nicht befugt offiziell für die Gewerkschaft zu sprechen, aber trotzdem gerne bereit, mir alle Fragen nach Möglichkeit zu beantworten. Frau Sindicato ist in Südfrankreich geboren, wohin ihre Familie nach dem Bürgerkrieg fliehe musste, und ist mit ihrer authentischen und schnörkellosen Art eine sehr angenehme Gesprächspartnerin. Sie hat ein rundes Gesicht, spricht überzeugt und mit fester Stimme.

„Frau Sindicato, viele politische Entscheidungen werden nicht mehr in Spanien, sondern in Brüssel, Berlin oder Paris getroffen. Muss sich der Protest nicht anpassen und ebenfalls transnational werden?"

„Ja, und das versuchen wir sehr intensiv. Seit 2010 gab es drei Generalstreiks, die europäisch koordiniert wurden, den letzten im November 2012. Es wurde zeitgleich in Spanien, Portugal und Griechenland gestreikt, in mehreren anderen Mitgliedsländern gab es Demos und Solidaritätsveranstaltungen. Darüber hinaus sind wir über den Europäischen Gewerkschaftsbund in Brüssel mit den anderen nationalen Gewerkschaften vernetzt. So wurde zum Beispiel der „Marschallplan für Europa" unserer deutschen Genossen[58] in sechs Sprachen übersetzt und hat europaweit sehr viel Zustimmung erfahren.[59] Das einzige Problem, das wir haben: Die Situation der Arbeiter in den verschiedenen Mitgliedstaaten ist heute, anders als noch vor zehn Jahren, sehr verschieden. Das macht gemeinsamen Protest schwieriger."

Den Marschallplan für Europa kenne ich und schreibe mir erfreut auf, dass er bis in die spanischen Gewerkschaftskreise vorgedrungen ist.

„Wie hat sich die Rolle der Gewerkschaften während der Krise verändert?"

„Der historisch intensive Austausch zwischen Gesetzgeber und Gewerkschaften, der soziale Dialog, existiert im Grunde nicht mehr. Einige der Reformen wurden sogar durchgesetzt, ohne die Gewerkschaften auch nur zu informieren. Dazu kommt: Die

---

57 Die „Unión General de Trabajadores" (UGT) wurde 1888 gegründet und ist die zweitgrößte Gewerkschaft in Spanien.

58 Gemeint ist der Deutsche Gewerkschaftsbund (DGB).

59 Sie finden den lesenswerten „Marschallplan für Europa" des Deutschen Gewerkschaftsbundes unter: http://www.dgb.de/themen/++co++985b632e-407e-11e2-b652-00188b4dc422

Regierung benutzt für ihre Reformen eine Art Rechtsverordnung, das „Decreto ley". Im parlamentarischen Verfahren zu einem „Decreto ley" kann das Parlament keine Änderungen vorschlagen, sondern muss zustimmen oder das Gesetz im Ganzen ablehnen. Auch das trägt nicht zu einer kritischen Diskussion der Reformen bei."
„Was sind aus Ihrer Sicht die problematischsten Punkte der Reformen?"
„Sehr problematisch sind sicherlich die deutliche Vereinfachung von kollektiven Entlassungen, die starke Einschränkung der Rechte der Gewerkschaften und die weitere Senkung der Renten, die schon jetzt extrem niedrig sind. Aber es gibt natürlich noch eine ganze Reihe anderer Bereiche, in denen die Kürzungen und Liberalisierungen schlimme Folgen haben." Einen Augenblick lang schweigt sie und ich schaue auf: „Sehen Sie: Spanien ist eine junge Demokratie und hat noch keine Tradition eines ausgeprägten Sozialstaates. Die Menschen stehen zum Beispiel nach einer gewissen Zeit, anders als in Deutschland oder Frankreich, ohne jegliche staatliche Unterstützung da. Wenn dann die Familie nicht hilft, enden die Leute auf der Straße."

Am Nachmittag nehmen wir den Zug nach Tres Cantos, einer Kleinstadt vor den Toren Madrids, um Almudenas Tante zu besuchen. Die Regionalbahn fährt durch die trockene Landschaft, kleine, dunkelgrüne Bäume erstrecken sich bis zu der hohen Gebirgskette am Horizont, der Sierra de Madrid. Nirgendwo zwischen meinem schmutzigen Fenster und den riesigen Bergen kann ich Häuser entdecken, direkt hinter den Grenzen der engen und pulsierenden Großstadt beginnt diese weite, völlige Stille.

19. JUNI 2013 – MADRID

Als ich das Cafe Comercial betrete, sitzt Soleda Gallego-Diaz schon vor einer leeren Kaffeetasse. Dank des Fotos über Ihren Artikeln erkenne ich sie sofort, die kurzen, grauen Haaren und die leicht eckige Brille passen perfekt zu der intellektuellen Madrilenin. Zum ersten Mal ist mir ihr Name durch einen Gastbeitrag auf Spiegel Online aufgefallen und nur anderthalb Stunden nach meiner freundlichen Anfrage fand ich zu meiner großen Freude eine wohlformulierte Antwort in meiner Mailbox. Frau Gallego-Diaz ist seit der Gründung 1976 bei „El Pais" Journalistin und schreibt somit seit 37 Jahren für die auflagenstärkste Zeitung Spaniens. Sie ist Trägerin mehrerer Preise, eine der bekanntesten Frauen ihres Faches, lacht freundlich, als ich sie begrüße und lässt mich wissen, dass ihr Foto nicht freiwillig über den Artikeln prangt: Warum, fragt sie mich, würde eine Journalistin überall erkannt werden wollen? Mein Kaffee kommt und während der Kellner meine Tasse schwungvoll mit heißer Milch auffüllt, klappe ich den Ledereinband meines Notizbuchs auf.
„Frau Gallego-Diaz, immer mehr Entscheidungen werden in den nationalen Parlamenten ohne echte Debatte, in großer Eile und unter enormem Druck getroffen. Wie sehen Sie den Zustand der spanischen Demokratie?"

„Lassen Sie mich Ihnen ein Beispiel für die Probleme geben, mit denen sich das spanische Parlament konfrontiert sieht. Die Verfassungsänderung aus dem Jahr 2011 legt fest, dass die Befriedigung von Spaniens Gläubigern absolute Priorität vor allen anderen Ausgaben hat.[60] Diese äußerst bedenkliche Änderung durchlief das parlamentarische Verfahren innerhalb von nur 24 Stunden, praktisch ohne Debatte und ausschließlich aufgrund einer Einigung zwischen der Regierung und der größten Oppositionspartei PSOE. Im Grunde hat allein die Führung dieser beiden Parteien beschlossen: Ab jetzt hat das Interesse der Gläubiger vor dem Wohl der Menschen in Spanien per Verfassung absoluten Vorrang. Das ist das Problem: Der Eindruck der Bürger, dass das Parlament seiner Gestaltungsmacht, oder eines zentralen Teils seiner Gestaltungsmacht, beraubt wurde. Die Bewegung des 15M drückt das in ihrem Ruf „Sie repräsentieren uns nicht" aus."

Ich notiere den Hinweis auf diese mir unbekannte Prioritätsklausel.

„Wie beurteilen Sie die augenblicklichen Einschnitte im Sozialbereich?"

„Die augenblickliche Zerstörung des Sozialstaates ist beispiellos und grenzt an eine Aufkündigung des Gesellschaftsvertrags. Ich gebe Ihnen nur eines der zahllosen Beispiele: Im Durchschnitt erhält ein spanischer Rentner ca. 600 Euro. Das kann reichen, wenn jeder der beiden Ehepartner eine solche Rente erhält und beide in einem abbezahlten Haus auf dem Land leben. Aber für einen alleinstehenden Rentner, der in Madrid zur Miete wohnt, ist ein Leben mit 600 Euro im Grunde nicht möglich. Für die vielen Menschen, die ihre Arbeit verloren haben, kommt hinzu: In Spanien endet die staatliche Unterstützung irgendwann völlig. Man kann sehr tief fallen. Das macht Angst."

„Wo sehen Sie die Hauptursache der aktuellen Krise?"

„Das Hauptproblem ist der unkontrollierte Finanzsektor, der durch die einheitliche Währung so enorm gewachsen ist. In Spanien sind die großen Volumen billigen Geldes, die die Immobilienblase ja erst ermöglicht haben, von außen gekommen."

„Ist es in der globalen Welt möglich, diesem Geldverkehr effektiv Grenzen zu setzten?"

„Angesichts der heutigen technologischen Möglichkeiten bin ich mir sicher, dass eine funktionierende Überwachung und Kontrolle möglich ist. Mich wundert darüber hinaus, dass eine Regulierung der Kapitalmärkte als so ungewöhnliche Idee angesehen wird. Es ist umgekehrt: Der völlig unkontrollierte Kapitalverkehr ist eine Neuheit, die erst in den 80er Jahren begann."

„Durch die geplatzte Immobilienblase wurde Spanien das erste Land, welches europäisches Steuergeld exklusiv zur Bankenrettung erhält. Inwieweit hat das dem Land geholfen?"

„Leider hat sich die Möglichkeit an Kredite zu kommen für spanische Unternehmen nicht verbessert. Und Kredite werden dringend gebraucht: in einigen Fällen um nicht

---

60   Artikel 135 Abs. 3 der spanischen Verfassung.

schließen zu müssen, in anderen um zu expandieren. Aber gut, dass Sie fragen. Sehen Sie mal hier." Sie öffnet die Zeitung, blättert hin und her und breitet schließlich eine Werbeanzeige vor mir aus, die eine ganze Seite einnimmt. Zu sehen ist ein Wasserhahn, aus dem ein Text wie ein Wasserstrahl herausläuft. Der erste Satz lautet: „Es ist an der Zeit, den Kredithahn aufzudrehen."

„Diese Werbung wurde vom FROB[61] geschaltet, dem Organ, das die Finanzhilfen für den Bankensektor verwaltet. Dieser FROB bezahlt nun Werbung, um die spanischen Banken zu überzeugen, der Realwirtschaft Kredite zu gewähren. Stellen Sie sich das vor! Man rettet Banken mit Milliarden aus Steuergeldern und bettelt dann in bunten Werbeanzeigen darum, dass mit dem Geld der Wirtschaft geholfen wird!"

Stirnrunzelnd lese ich den Text, der aus dem Wasserhahn fließt. Langsam schiebe ich die Zeitung zur Seite und notiere mir das Datum der Ausgabe ohne zu wissen, dass Frau Gallego-Diaz mir das Exemplar am Ende schenken wird.

„Inwiefern entwickeln die Menschen durch die politische Situation Ressentiments gegen die nördlichen Länder?"

Sie macht eine kurze Pause, bevor sie antwortet: „Ich denke, es gibt ein Gefühl der Erniedrigung, denn die Bürger merken, dass ihre Stimme nicht gehört wird und ihre Meinung irrelevant ist. In diesem Zusammenhang werden die nördlichen Länder als sehr dominant wahrgenommen. Meiner Ansicht nach konzentriert sich diese Wut aber noch auf die Politik, weniger auf die Bürger anderer Länder. Außerdem wird die Empörung durch eine gigantische Medienkampagne gemildert, die den Menschen suggeriert: Du bist selbst schuld! Diese Abwälzung der Schuld auf den Einzelnen finde ich einen der größten Skandale überhaupt."

„Könnten Sie das etwas näher erklären?"

„Die Menschen wurden hier über Jahre mit Werbung für Kredite bombardiert. Ging man dann zur Bank, hat ein netter, kompetenter Herr mit Krawatte erklärt: „Beim Kauf einer Immobilie kann man nur gewinnen. Läuft es gut, haben Sie in 20 Jahren Ihr eigenes Zuhause. Läuft es schlecht und Sie können die Raten nicht mehr bedienen, verkaufen Sie das Haus, das inzwischen im Wert gestiegen ist, und machen einen dicken Profit." Was erwartet man denn, was passiert? Dem Einzelnen die Schuld zu geben verdeckt die wahren Gründe für die Blase: ein völlig unkontrolliertes Finanzsystem und Gesetze, die die Kreditvergabe für Banken so extrem attraktiv machen."

„Stichwort eigene Schuld. In jüngster Zeit kommen immer mehr Korruptionsskandale ans Licht."

„Spanien ist im Grunde kein korruptes Land. Ich lebe schon sehr lange in Spanien und nie musste ich einen Polizisten oder einen Beamten bestechen. Fakt ist: Zwischen

---

61 FROB steht für „Fondo de Reestructuración Ordenada Bancaria", zu Deutsch etwa: „Fonds zur geordneten Bankenrestrukturierung".

60% und 70% der Korruption stehen in Verbindung mit der Immobilienblase. Dort liegt die Wurzel der Problems."

Wir plaudern noch eine Weile, sie hat schon den dritten Kaffee getrunken, unser Gespräch, das wir nun schon seit fast zwei Stunden führen, scheint ihr Spaß zu machen. Nach einer Weile stützt sie das Kinn in die Hand und seufzt.

„Wissen Sie, heute sind die Probleme viel komplexer. Zu meiner Zeit war es einfach. Was wollen wir von Franco? Dass er verschwindet. Was wollten wir danach? Demokratie. So simpel sind die Antworten auf die großen Fragen des 21. Jahrhunderts nicht mehr. Andererseits macht mir Mut, dass es in Europa noch nie eine so gut ausgebildete, junge Generation gab wie jetzt. Wenn Ihr die Probleme nicht lösen könnt, wer dann?"

20. JUNI 2013 – MADRID

Meinen freien Donnerstagmorgen nutze ich für einen ausgiebigen Jogginglauf. Aus Montecarmelos hinaus tragen mich meine Füße in das Umland von Madrid, eine grenzenlose Steppe, die so ruhig unter der heißen Sonne liegt, dass die Puerta del Sol Lichtjahre, und nicht 30 Metrominuten weit weg erscheint. Der kristallklare, hellblaue Himmel erstreckt sich über die trockenen Hügel, ich laufe und atme die warme Luft.

Das Museum Reina Sofia öffnet seine Pforten viermal die Woche von 19:00 bis 21:00 Uhr umsonst, und weil die freundlichen europäischen Geldgeber diese Verschwendung noch nicht verboten haben, freue ich mich in meinem Cafe Commercial auf eine große Dali-Ausstellung. Neben mir liegt „Das gefrorene Herz" von Almudena Grandes, ein gutes Buch und eine liebevolle Hommage an Madrid, ich sitze auf der langen, gemütlichen Bank an der Wand des riesigen Raumes. Der Kellner legt mein Wechselgeld neben meinen Kaffee, grüßt freundlich und geht weg, die Münzen in der Tasche unter seinem langen Hemd geben dabei ein lustiges Klimpern von sich. Die Beine unter dem Tisch ausgestreckt und die Hände im Schoß gefaltet schaue ich auf die großen Kreuzung vor dem Café, junge und alte Madrilenen eilen in der Nachmittagssonne von links nach rechts, der Sonnenschirm des Zeitungskioskes vor dem Eingang leuchtet orange. Gedankenverloren starre ich auf die lebendige, vorletzte Station meiner Reise und die vielen Gesichter der letzten zwei Monate wandern langsam an meinem inneren Auge vorbei. Die vielen Menschen, die grübeln, denken oder berechnen, die riesige bunte Bilder malen, Bücher schreiben, Netzwerke spannen, studieren, fotografieren, filmen oder fantasieren. Auf den großen Bühnen der Welt oder an einem schmutzigen Theater in Athen. Scheißegal. Hauptsache nicht einfach sterben.

In das Reina Sofia kommt man zwar gratis hinein, aber die begehrte Dali-Ausstellung darf man nur zu einem bestimmten, auf der Karte vermerkten Zeitpunkt betreten. Ich klimpere mit den Augendeckeln, die ältere Dame vor dem dicken, roten Seil lächelt auch, leider schüttelt sie dabei den Kopf. Auf dem Brunnen im Innenhof liege ich eine halbe Stunde auf dem Rücken und höre den Amelie-Soundtrack während über mir die weißen Wolken vorbeiziehen, dann darf ich endlich die selbsternannte Definition des Surrealismus treffen.[62] Langsam wandere ich durch die Ausstellung, die Räume sind voller Menschen und ich stecke mir meine Stöpsel in die Ohren, um die störende Geräuschkulisse auszublenden. Vor „Raphaelesque Head Exploding" bleibe ich lange stehen. „Gezabel deluxe" klingt aus meinem ipod, ich gehe nah an den ruhigen Frauenkopf, die friedlich geschlossenen Augen, das warme Licht, das durch die tausend Teile ihres Gesichtes scheint, ich trete zurück, verharre, lege den Kopf auf die Seite. In dem hellen Orange hinter der Schönen formen sich aus dem Nichts Dalis Schnurrbartspitzen und langsam erscheint sein ganzes Gesicht. Er schaut mich an und lächelt. Bedächtig hebt er die Hand und das Krümmen seines Zeigefingers winkt mich auf die andere Seite.

22. JUNI 2013 – BARCELONA

Der Placa de la Virreina ist genau, was ich von meinem Lieblingsviertel la Gracia in Erinnerung hatte. Eine Kirche mit hoher, schlichter Steinfront, links und rechts geschwungenen Eisengeländer vor kurzen Balkonen und große Platanen, deren Blätter hellgrün in der Sonne schimmern. Zwischen den vielen Tischen der beiden Bars, auf denen beschlagene Biergläser stehen, sitze ich vor einem Glas Weißwein. Die etwas ungewöhnlich verbrachte Nacht steckt mir noch in den Knochen, aber ich bin am Ziel, umsonst, heil und hochzufrieden, aber der Reihe nach.

21. JUNI 2013 – MADRID – BARCELONA

In der Anonymität unserer grenzenlosen Kommunikation finden sich Foren für Briefmarkenhasser, Einradfahrer und Masochisten, weshalb ich früher auf die Idee hätten kommen können, dass eine Seite wie „Hitchwiki" existiert. Interessiert lese ich Tipps für das ideale Pappschild, chancensteigernde Verkleidungen wie Clownsnasen oder Perücken und vor allem die besten Spots für eine Reise von Madrid nach Barcelona. Einer der drei genannten Orte liegt nicht weit hinter der Stadtgrenze und ist für mich einfach erreichbar.

Im Regionalzug nach La Garena stellt sich plötzlich ein Mann mit gebügeltem Hemd und sauberer Jeans zwischen die Reihen. Fast schüchtern bittet er um Aufmerksamkeit und ich nehme verwundert die Stöpsel aus den Ohren. Seine Haut ist ungewöhnlich rein, bis auf die tiefen, dunklen Augenringe sieht er aus wie ein völlig normaler

---

62 Zitat von Dali: „le surréalisme, c'est moi", auf Deutsch „der Surrealismus, das bin ich".

Familienvater. Ich bemerke deutlich, wie er sich zwingt, laut zu reden und nach seinen ersten Worten verstummt das Geplapper der vielen Menschen. Seine Stimme zittert durch den stillen Wagon:

„Entschuldigen Sie die Störung. Ich bin 52 Jahre alt und habe nach 25 Jahren meine Arbeit verloren, weil meine Firma bankrott gegangen ist. Ich habe eine siebenköpfige Familie und das wichtigste für mich ist, dass sie durchkommt. Ich bin nicht faul. Ich nehme jeden Job, den ich finden kann, nachts, am Wochenende, jeden Job. Ich bin nicht faul. Ich bin auf der Suche nach Arbeit, ich kann nur einfach keine finden." Er macht eine Pause: „Danke für Ihre Aufmerksamkeit."

Als ich aus dem Zug in die Sonne trete, bin ich noch immer aufgewühlt. Wütend laufe ich 45 Minuten durch die Hitze zu einem großen Kreisverkehr.

Immer noch deutlich verstört stelle ich meinen schweren Rucksack ab und bemerke, dass Hitchwiki mich nicht belogen hat. Im Minutentakt fahren LKWs die Auffahrt hinter dem großen Kreisel hinauf und es dauert keine Stunde, bis einer hält. Von dem hohen Sitz bieten mir zwei nervöse Augen über einem großen Kugelbauch an, mich ein paar Kilometer bis zu einer Autobahnraststätte mitzunehmen. Er selbst fahre zwar nach Barcelona, aber leider sei ein Mitfahrer nicht von seiner Versicherung gedeckt und daher eine hohe Strafe die Folge, sollte man uns erwischen. Die Angst vor einer Nacht neben der Autobahn lässt mich kurz zögern, doch dann hieve ich kurzentschlossen meinen 18-Kilo-Rucksack in die Fahrerkabine und schwinge mich auf den Beifahrersitz.

Sergei (Anm.: Der Name wurde auf Wunsch geändert) hat kurzes, schon sehr lichtes Haar, trägt ein dunkles T-Shirt, Jogginghose und Badelatschen, seine hängenden Backen bedeckt ein dichter Stoppelbart. Er erzählt viel von dem Auf und Ab seines Lebens, das ihn in ein 250-Euro-Apartment in Getafe geführt hat, und die meiste Zeit höre ich zu, während draußen der blaue Himmel lacht, neben der Autobahn Hügel aus feuerroter Erde auftauchen und immer wieder große, schwarze Metallstiere in der trockenen Landschaft thronen. Vor einigen Jahren hat sich Sergei Geld als Zwischenhändler für Kleidung dazuverdient, musste aus dieser lukrativen Tätigkeit allerdings wieder aussteigen, da sie ihn fast das Leben gekostet hätte. Seine bulgarischen Zulieferer hätten ihn im Streit abstechen wollen, aber ein zufällig vorbeikommender älterer Herr sei dazwischen gegangen und habe ihn als Neffe von Christo Stoitschkow[63] ausgegeben. So sei er davon gekommen. Er lacht schüchtern. Seit sieben Jahren ist er nun schon LKW Fahrer, Sergei seufzt, und das einzige, was er will, ist so bald wie möglich etwas anderes machen. Sein Traum ist ein eigenes Restaurant, was allerdings 70.000

---

63 Christo Stoitschkow war ein bulgarischer Fußballnationalspieler und von 1990 bis 1995 umjubelter Star des FC Barcelona.

Euro Startkapital erfordert, augenblicklich natürlich unmöglich zu bekommen. Aber, ich lerne eine neue Facette der Kreditklemme in Spanien kennen, er hat schon eine schnelle, saubere und absolut risikofreie Lösung parat. Die chinesische Mafia wird ihm das Geld leihen, die hätten jede Menge davon und er einen Freund, der vermitteln könne. Freundlich warne ich davor, den Verwandtschaftstrick im Rahmen dieses Planes zu versuchen und genieße in dem kurzen Moment der Stille den dunkelblauen Abendhimmel über Zaragossa, vor dem sich langsam die Rotorblätter eines riesigen Windparks drehen.

Zum Abendessen halten wir auf einem Parkplatz und da ich großen Hunger habe, folge ich Sergei enthusiastisch in ein fabrikartiges Gebäude. Die vier Euro, die man an dem Drehkreuz bezahlen muss, übernimmt er für mich und ich betrete eine riesige Halle. In der Mitte befinden sich zwei Stationen mit jeweils sechs heißen Feldern zum Fleischbraten, darüber die beiden größten Dunstabzugshauben der Welt. Rechts sehe ich Berge von rohem Fleisch, Hühnchen, Lamm und Schwein, eine Alibisalatbar und zwei Eimer mit Ketchup und Mayonnaise, links geschätzte 100 Tische. Meine überschwängliche Euphorie entlockt mir ein leises Glucksen. Schnell schnappe ich mir einen Teller und beginne Fleisch fragwürdiger Herkunft darauf zu stapeln. Sergei, nicht zum ersten Mal hier und daher deutlich besonnener, genehmigt sich eine Portion Spareribs als Vorspeise, vergisst aber nicht, mir auf meinem Weg zur Bratstation einen Teller mit Lammkoteletts in die Hand zu drücken. 20 Minuten später schaue ich voll und zufrieden auf meinen Gegenüber, der zwischen einem Wust von Tellern und Knochen seinen letzten Rest Lamm verdrückt.

Die kleine Box über dem lichten Haar des Fahrers kontrolliert die Lenkzeiten und verhindert so, dass ich die Nacht in einem weichen Bett in Barcelona verbringe. Sergei will bis morgen auf dem Parkplatz eines Einkaufszentrum zehn Kilometer vor der Stadt parken, mir erzählt er von einem kleinen Park direkt daneben, wo ich ungestört mein Zelt aufbauen könne. Ich stimme gähnend zu, bei unserem letzten Stopp habe ich mir eine zwei-Euro-Flasche Wein gekauft und mache mir daher um meine Nachtruhe keine Sorgen. Fünf Minuten bevor wir ankommen fängt es in Strömen an zu regnen. Ich wage nicht zu fragen, doch Sergei bringt es selber zur Sprache. Der Laderaum seines LKW. Ganz voll ist der nicht, nur, er schaut mich prüfend an, hat er Flachbildfernseher und Computer geladen. Ich mache ein harmloses Gesicht und versichere ihm selbstverständlich nichts anzufassen, er zögert, aber nach einer Weile stimmt er zu, erklärt allerdings, mich einschließen zu müssen. Angesichts der dicken Tropfen, die mit Wucht gegen die Windschutzscheibe trommeln, erscheint mir der verschlossene Laderaum zunächst äußerst einladend. Als auf einem einsamen Parkplatz die Tür des Laderaums zufällt und ich in der Dunkelheit das Vorhängeschloss zuschnappen höre, überkommt mich aber doch ein leicht ungutes Gefühl. Ich rolle meine Isomatte aus, klettere in meinen Schlafsack und entkorke die Flasche Wein.

Die ersten Schlucke beruhigen mich, der Regen prasselt laut auf die Plane über meinem Kopf, und ich rutsche zufrieden etwas tiefer in meinen gemütlichen Schlafsack. Plötzlich klopft es an der Blechtür und Sergeis nervöse Augen erscheinen im orangen Licht der Laterne. „Du wirst Dich hier doch nicht betrinken, oder?" Mit dem Kopf deutet er ängstlich auf die 50-Zoll-Fernseher. Ich muss lachen, nehme einen letzten, tiefen Schluck, stopfe den Korken auf die Flasche und reiche sie ihm in den Regen.

22. JUNI 2013 - BARCELONA

Um acht weckt mich Sergei und wir wandern über das Gelände zu einer weißen Halle, an deren Ecke eine Bar untergebracht ist. Der Kellner trinkt gerade ein kleines Glas Bier auf Ex und stellt uns dann zwei Kaffee und eine Portion Churros auf die Bar. Ich nutze Sergeis morgendliche Schläfrigkeit, um mir einige Notizen zu machen, doch nach einer Weile schaut er interessiert auf mein Buch.

„Hast Du nie Tagebuch geschrieben?" Ich sehe ihn an. Er lächelt und schüttelt den Kopf.

„Um sich ein wenig an die Dinge zu erinnern, die einem passieren", bohre ich nach. Er lächelt weiter sein schüchternes Lächeln, doch nach einem kurzen Moment antwortet er: „Ich will mich nicht erinnern."

23. JUNI 2013 - BARCELONA

Nachdem mich Sergei gestern direkt am Strand im Zentrum von Barcelona abgesetzt hat, konnte ich meine letzte Heimat auf der Reise zu Fuß erreichen. Das Serendipity Hostel ist eine geräumige, komplett gekachelte Wohnung mit großen Räumen als Schlafsälen und einer gewaltigen Terrasse zwischen den hohen, umliegenden Häusern. Beim heutigen Frühstück beschäftige ich mich nach längerer Auszeit wieder einmal mit der Krise und bekomme von Spiegel online auch prompt eine Information, die ich schon lange gesucht habe.

„Die EU-Staaten verwendeten zwischen 2008 und 2011 einen Betrag so groß wie ein Drittel ihrer Wirtschaftsleistung dafür, Banken zu retten."[64]

Nach einer halben Stunde Kopfschütteln am Frühstückstisch bemerke ich, dass sich ein größerer blonder Mann von ungefähr 25 Jahren neben mich gesetzt hat. Er ist Schwede und schnell wird mir klar, dass ich es mit einem sehr besonderen Menschen zu tun habe, denn nach einigen Minuten Small-Talk lässt er mich wissen, was sein größter Traum ist: in den Krieg zu ziehen. Ich muss zweimal nachfragen, aber kein Zweifel, er ist verrückt. Als ich von ihm wissen will, was er dann an einem Frühstück-

---

[64] Für den ganzen Artikel siehe: www.spiegel.de/wirtschaft/soziales/eu-verhandlungen-fuer-banken-abwicklung-gescheitert-a-907270.html

stisch in Barcelona treibt, druckst er ein wenig herum und schaut verlegen auf den Boden. Die schwedische Armee habe ihn nicht genommen. Der psychologische Test sei völlig willkürlich. Oh, ich nicke verständnisvoll, aber wie es denn mit privaten Sicherheitsfirmen à la Blackwater stehe? Nein, er schüttelt den Kopf, die nähmen nur Menschen mit Erfahrung in einer Armee, und, ach, zu guter Letzt habe ihn sogar die Fremdenlegion abgewiesen. Enttäuscht stützt er sein Kinn in die Hand. Ich klopfe ihm tröstend auf den Rücken, er ist mit auf Anhieb sympathisch, und bemerke dabei eine kleine Frau neben uns. Sie kommt aus Puerto Rico, setzt sich zu uns und wir beginnen uns zu unterhalten. Mit 16 ist sie von zuhause weggelaufen und schlägt sich seitdem als Kellnerin in England durchs Leben, sie raucht Kette und steht auch bald wieder auf, um auf die Terrasse zu gehen. Im Weggehen dreht sie sich noch einmal um und stützt die Hände in die Hüften:
„Ihr kommt doch heute Abend mit in die Stadt, oder? Wisst ihr nicht, was heute ist?"

Wie Bari oder Porto überrascht mich Barcelona mit einer großen Feierlichkeit. Mit der „Fiesta Sant Joan" begrüßt die Hauptstadt Kataloniens den beginnenden Sommer. Auf abgesperrten Kreuzungen brennen riesige Holzfeuer zwischen den Häusern, die Straßen sind voller Menschen und von überall her hört man das Knallen der vielen Feuerwerkskörper. Ich kaufe mit meinen beiden neuen Freunden Bier an einem Kiosk, enthusiastisch leisten wir uns sogar einige Knallkörper, und wandern durch das laute Barcelona hinunter zum Strand. Die ganze Fläche vor dem Meer ist von Fackeln beleuchtet, die die einzelnen Gruppen um ihre Decken in den Sand gesteckt haben, von allen Seiten tönt Musik, wir setzen uns zwischen die vielen Menschen, trinken und beobachten das wilde Treiben bis in den Morgengrauen.

24. JUNI 2013 – BARCELONA
Am nächsten Morgen fällt mir auf, dass wir drei die einzigen Gäste in unserer Bleibe sind. Da sich Barcelona von dem gestrigen Exzess erholt und das Stadtleben vor der Tür unseres Hostels ungewöhnlich ruhig dahinplätschert, verbringen wir drei einen ungestörten Sommertag auf der Terrasse. Am Nachmittag verliere ich beim Streichhölzer ziehen, schleppe mich zu einem Kiosk um die Ecke, um Bier zu kaufen und schlafe um halb elf wie ein Baby.

25. JUNI 2013 – BARCELONA
Ausgeschlafen surfe ich am nächsten Morgen durch das Internet. Ich habe den guten Tipp erhalten, die „Plataforma de Afectados por la Hipoteca"[65] zu kontaktieren und je mehr ich über die „PAH" herausfinde, desto neugieriger werde ich.

---

65 Auf Deutsch ungefähr: „Plattform der von einer Hypothek Betroffenen".

2009 gründeten einige Aktivisten in Barcelona die Bürgerinitiative, die inzwischen im ganzen Land präsent ist und 2013 den Preis „Europäischer Bürger" durch das EU-Parlament verliehen bekam. Die PAH wurde primär ins Leben gerufen, um den vielen tausend Menschen zu helfen, die ihre Hypotheken nicht mehr bedienen konnten und bereits mit einem Fuß auf der Straße standen. Inzwischen koordiniert sie darüber hinaus Proteste, organisiert Widerstand gegen Zwangsräumungen und hat ein Volksbegehren für das Recht auf Wohnraum durchgeführt. Die PAH ist die Antwort couragierter Bürger auf die spanische Immobilienblase und eifrig klicke ich mich durch die Internetseite. Endlich finde ich den Kalender. Das wöchentliche Treffen in Barcelona ist heute Abend.

Um viertel vor sechs betrete ich die Räumlichkeiten der PAH. Eine Wendeltreppe aus grünem Stahl führt links auf einen zweite Ebene des großen Raumes, wo ich hinter der Balustrade einige Tische mit Computern erkennen kann. Der niedrige, ebenerdige Teil des Raumes ist schon relativ voll, auf den Plastikstühlen sitzen ältere Männer in Hemden, Hausfrauen, eine junge Frauen mit blonden Zöpfen, einige Südamerikaner, die ihr auffälliger Akzent verrät, Männer um die 30 und ein alternativ aussehender Mann Anfang 20 mit einem langen Bart. Ich habe noch eine viertel Stunde Zeit und sehe mich um. Rechts neben der Tür hängt eine Liste mit betroffenen Personen, die nach den kreditvergebenden Banken unterteilt ist, an der linken Wand, direkt gegenüber den Stuhlreihen, hängen drei riesige Poster. „Vom Zahlungsstopp bis zur Zwangsräumung – Drei Phasen" steht in großen schwarzen Buchstaben darüber und auf jedem der Poster ist eine der Phasen mit Erklärungen, Beruhigungen, Hilfen und Handlungsoptionen aufgezählt. Ich trete etwas näher an das erste Plakat heran. In bullet points steht unter Phase 1:

Du hast nichts Böses getan

Seine Kredite nicht zu bezahlen ist keine Straftat

Du wirst nicht ins Gefängnis gesteckt

Deine Kinder können Dir nicht weggenommen werden

Inzwischen sind fast alle Plätze besetzt und ich will mich gerade ganz hinten auf einen freien Stuhl setzten, als ich links Ada Colau bemerke. Wie angewurzelt bleibe ich stehen. Die Mitbegründerin der PAH ist heute Pressesprecherin der Plattform, so etwas wie das Gesicht der Bewegung und inzwischen eine kleine Berühmtheit. Sofort stelle ich mich hinter die beiden Frauen, die ebenfalls mit der nach „El Pais" bekanntesten Aktivistin Spaniens sprechen wollen. Als ich an der Reihe bin, erkläre ich mein Vorhaben. Sie scheint sich über das Interesse aus Deutschland zu freuen, nickt und blättert in ihrem Kalender.

„Passt Dir morgen um 12:00?"

Ich verabschiede mich von Ada Colau und stelle mich hinter die Stuhlreihen, während vorne eine blonde Frau zu sprechen beginnt. Der Raum ist inzwischen voll, alle Stühle sind besetzt, um mich herum stehen einige Nachzügler und hören konzentriert zu.

„Wie ihr wisst, sind Protestaktionen immer der letzte Ausweg. Morgen ist es aber wieder soweit, wir machen eine Aktion in der BBVA in Santa Coloma. Treffpunkt ist um 10:00 am Ausgang der Metro Santa Coloma. Wenn ihr Zeit habt, kommt. Je mehr, desto besser. Jetzt zu den Begleitungen: Wenn euch jemand zu einem Termin bei einer Bank begleiten soll, meldet euch. Wir schicken dann zwei Personen: Eine, die schon Erfahrung hat und euch hilft, und eine zweite, die das Vorgehen lernen und so später selber Begleitungen übernehmen soll." Sie macht eine Pause und schaut auf ihren Zettel: „Als letztes: Wer übernimmt das Putzen nächsten Donnerstag?" Drei Männer melden sich. „Ok, Du Fernando." Sie notiert es auf einen kleinen Block: „Also, die Begleitungen. Bitte zeigt auf, sagt um welche Bank es sich handelt, in welchem Stadium ihr Euch befindet, was bei dem Termin besprochen werden soll und wann er ist."
Eine kleine, korpulente Frau mit roten Haaren meldete sich: „Meine Bank ist die Caixa Catalunya. Meine Wohnung habe ich schon verloren, sie gehört wieder der Bank. Trotzdem habe ich noch 10.000 Euro Schulden. Morgen um 15:30 Uhr habe ich einen Termin, sie machen schon Druck. Ich hätte gerne, dass bitte jemanden mitkommt." Vorne sitzen inzwischen drei Mitarbeiter, die eilig alles mitschreiben. Die blonde Mitarbeiterin, ich schätze sie auf Mitte 40, stützt das Kinn in die Hand und hört aufmerksam zu.
Der zweiten Frau, die die Hand hebt, merkt man ihre Angst deutlich an. Sie spricht mit einem leichten Zittern in der Stimme und verhaspelt sich mehrfach. Nach einer Minute wird sie sanft von einem der Mitarbeiter unterbrochen. Sie sei in dem Prozess noch nicht weit genug fortgeschritten, Begleitungen für Menschen, bei denen die Gefahr einer Räumung akut ist, hätten Vorrang. Still setzt sie sich wieder auf ihrer Platz, als ein kleiner, braungebrannter Mann mit einem Schnurrbart die Hand hebt. „Ich habe diese Woche Zeit. Ich komme mit!" Er beugt sich vor, lacht und schlägt mit ihr ein. Sie lächelt befreit.
Eine weitere Hand mit rot lackierten Fingernägeln streckt sich in die Höhe. „Ich bin auch bei der Caixa Catalunya. Ich habe meinen Job verloren und kann die Raten meiner Hypothek nicht mehr zahlen. Ich habe beantragt, die Zahlung auszusetzten, bis ich wieder Arbeit habe. Die Bank hat das aber abgelehnt, weil mein Mann einen Invalidenrente erhält." Vorne nicken drei Köpfe und schreiben konzentriert.
Es melden sich fünf weitere, die um Begleitung bitten, interessanterweise ist nur einer von ihnen männlich. Den allermeisten merkt man ihre Angst deutlich an, vor allem fällt mir auf: Keiner scheint zu verstehen, was er in dem langen Prozess inzwischen alles unterschrieben und wozu er sich verpflichtet hat. Als trotz Nachfrage keiner mehr die

Hand hebt, ergreift als letztes wieder die blonde Mitarbeiterin vorne das Wort. Sie hat ein attraktives, noch fast faltenfreies Gesicht und spricht laut in den stillen Raum: „Kopf hoch! Nochmal: Von einer Bank lässt man sich alles, alles schriftlich geben. Nichts glauben! Nichts unterzeichnen! Wenn sie Druck machen: Egal! Ob der eine Krawatte an hat oder nicht: Misstrauen!" Ihr Blick wandert von einem Gesicht zum anderen: „Ich wohne in meiner Wohnung. Das Problem hat die Bank."

26. JUNI 2013 – BARCELONA

Santa Coloma liegt eine 25-minütige Metrofahrt nördlich des Zentrums von Barcelona und macht auf mich einen eher armen Eindruck. Gleichförmige Fassaden ziehen sich die Straßen entlang und bieten ein anderes Bild, als die kunstvoll verschnörkelten Häuser im Zentrum der Stadt. Ich sitze auf einer Mauer an der Metro Station und beobachte die kleine Gruppe, die sich für die Aktion zu sammeln beginnt. Um zwei braungebrannte Männer, die die Aktivitäten zu organisieren scheinen, haben sich ungefähr 40 Personen eingefunden. Eine junge Frau schiebt eine Kinderwagen vor und zurück während sie sich unterhält, drei kleine Kinder stehen zwischen den Erwachsenen und etwas abseits bemerke ich eine ältere Frau mit rot gefärbten Haaren und Turnschuhen, die eine Zigarette aus einer Pall-Mall-Schachtel zieht und nervös zu rauchen beginnt. Nach 15 Minuten gibt einer der Männer das Zeichen zum Aufbruch und ein kurzer Zug samt Kinderwagen beginnt, die Straße herunterzuziehen.

Als wir kurz drauf an der BBVA ankommen, haben die meisten ihre grünen PAH-T-Shirts angezogen und ich folge der Gruppe, die lautstark in die Bank stürmt. In dem großen Schalterraum stehe ich kurz darauf hinter einer lärmenden, grünen Menschenmenge. Einige haben Trillerpfeifen und Tröten mitgebracht, Konfetti fliegt durch die Luft, immer wieder skandieren alle den Slogan der PAH: „Si se puede!"[66]. Ein älterer Herr im Anzug beschwert sich lautstark und verschwindet, mit dem Spazierstock drohend, durch die Glastür nach draußen. Die wenigen Angestellten schauen eingeschüchtert über die Schaltertische, der Älteste, ein langer Herr ohne Haare, kneift resigniert den Mund zusammen. Während der Großteil der Gruppe im Inneren Radau macht, haben zwei andere in Windeseile die gesamte Glasfront der Bank mit bunten Plakaten zugeklebt und auch auf den Bildschirmen der Geldautomaten vor dem Schalterraum kleben große Warnschilder: „Diese Bank lügt und betrügt!". Zwischen den Menschen bemerke ich auf einmal auch zwei Polizisten. Eine Frau und ein Mann in Uniform stehen am Ende des Schalterraums vor der aufgebrachten Menge, schauen etwas unwohl aus ihren Gesichter, machen aber keinerlei Anstalten, jemandem auch nur ein Haar zu krümmen. Plötzlich höre ich hinter mir ein Geräusch. Das Eisengitter zwischen Schalterraum und Eingangsbereich beginnt langsam herunterzufahren. Er-

---

66   Zu Deutsch: „Ja, man kann!"

schrocken mache ich zwei Schritte Richtung Tür und auch die anderen haben die Gefahr bemerkt, doch ein Mann mit einer roten Käppi stemmt sich kurzentschlossen von unten gegen das Gitter. Nach den ersten Schrecksekunden kommen ihm die andere zu Hilfe, das Gitter stockt und fährt dann unter dem triumphierenden Rufen vieler grüner T-Shirts wieder nach oben. Von dem Erfolg beflügelt bläst die Gruppe noch stärker in ihre Trillerpfeifen, bis nach einigen Minuten ein Mann um die 40 aus einer Tür in der hinteren Ecke des Raumes kommt. Sofort bildet sich eine Menschentraube um ihn und schlagartig wird es still. Auch ich gehe ein Stück näher heran und höre ihn sagen: „So verhandelt man nicht, das ist nicht seriös!" Er dreht sich um und verschwindet unter Protestrufen der Gruppe wieder in seinem Büro.

Da mich Ada Colau erwartet, mache ich mich auf den Weg zurück ins Zentrum von Barcelona, ohne den Ausgang der Aktion abwarten zu können. Der ältere Herr, der draußen auf dem Bürgersteig lautstark alle Passanten zum Betreten der Bank auffordert, klopft mir zum Abschied freundschaftlich auf den Rücken.
Eine 20-minütige Metrofahrt später sitze ich im unteren Teil des großen Raumes, in dem ich gestern auf der Versammlung der PAH war, und warte auf Ada Colau. Auf dem grauen Steinfußboden sehe ich in einer Ecke einige Kinderbücher und Spielsachen, von oben dringen gedämpft die Stimmen der Arbeitsgruppe zu mir herunter, in der meine Gesprächspartnerin aufgehalten wird. Nach ungefähr 20 Minuten kommt sie die grüne Wendeltreppe herunter. Mir fallen als erstes ihre tiefen Ränder unter den Augen auf. Ada Colau spricht extrem schnell und schreibt mehrere Textnachrichten während des Gesprächs, wobei sie allerdings weiter zuhört und antwortet.
„Ich war gerade auf der Aktion in Santa Coloma. Obwohl die Polizei relativ bald vor Ort war, hat sie nichts gegen die Menschen in der Bank unternommen. Ist das immer so?"
„Früher haben sie uns rausgeworfen. Inzwischen ist die Bewegung aber zu bekannt geworden. In Katalonien ist die Staatsmacht außerdem auch generell etwas ruhiger, weil wir hier eine Tradition des Widerstandes haben. Die Polizei in Madrid ist zum Beispiel weit weniger verständnisvoll."
„Mir ist aufgefallen, dass die Listen der Betroffenen nach Banken unterteilt sind", ich zeige auf die weißen Blätter mit den vielen Namen. „Warum?"
„Da wir inzwischen direkten Kontakt zu den Zentralen der einzelnen Banken haben, haben wir auch in den regionalen Gruppen der PAH die Betroffenen nach Banken geordnet. So können wir alle Informationen, die wir von den Banken selber oder auch von den Betroffenen bekommen, schneller an die weitergeben, für die sie wichtig sind."
„Wie ist die Situation der Betroffenen?"
Sie zuckt mir den Schultern: „Die Banken nehmen den Menschen ihre Wohnungen, wenn die Hypothek nicht mehr bedient wird. Bezahlen tun sie dafür aber natürlich weit weniger, als die Betroffenen beim Kauf selber gezahlt haben. Im Ergebnis sitzen die

Menschen mit gewaltigen Schulden auf der Straße."
„Wie kam es in Spanien zu der gewaltigen Immobilienblase?"
„Es waren eine ganze Reihe von Faktoren. Zur Miete Wohnen war zunächst aufgrund des sehr mieterfeindlichen spanischen Mietrechts extrem unattraktiv und darüber hinaus auch unverhältnismäßig teuer. Dann waren die Gesetze, welche die Kreditvergabe von Banken an ihre Kunden regelten, sehr bankenfreundlich. Der Gerichtshof der Europäischen Union hat diesbezüglich vor kurzem entschieden, dass Teile dieser Regelungen gegen europäisches Verbraucherschutzrecht verstoßen.[67] Die Banken haben wegen der für sie günstigen Konditionen und der hohen Renditen die Menschen in Massen zu Häuserkäufen gedrängt. Sogar die Regierung hat Werbungen für den Kauf der eigenen Wohnungen geschaltet. Was hat man erwartet?"
Nur mühsam kann ich mir eilig die wichtigsten Punkte notieren. „Wie ist die Situation nach der Blase?"
„Vom Beginn der Krise 2007 bis zum ersten Quartal 2013 sind 460.000 Wohnungen zwangsgeräumt worden. In Spanien stehen inzwischen 2,5 Millionen Immobilien leer. Das sind 15%." Sie dreht beim sprechen ihr Handy in der Hand: „Die mit Steuergeldern geretteten Banken besitzen daher zwar eine riesige Anzahl leerer Wohnungen, vermieten aber nicht, weil sie versuchen, die Immobilien an ausländische Spekulanten zu verkaufen, um kurzfristig wieder Gewinne zu machen. Dazu kommt, dass in Spanien nur 1% aller Wohnungen Sozialwohnungen sind, was gemeinsam mit Griechenland der niedrigste Wert ist. Insgesamt ist die Situation auf dem Wohnungsmarkt also alles andere als einfach."
„Was sind ihre ersten Erfolge gewesen?"
„Wir haben ein Modell entwickelt, bei dem jemand, der seinen Kredit nicht mehr bezahlen kann, die Wohnung der Bank verkaufen und dort anschließend weiter zur Miete bleiben darf. Das war eine unserer Minimalforderungen, um die Betroffenen kurzfristig vor der Zwangsräumung zu bewahren. Dieses Modell wird jetzt teilweise praktiziert, was aber sehr lange gedauert und viel Mühe gekostet hat."
Sie schaut inzwischen immer öfter auf die Uhr und auch ihr Handy beginnt schneller in ihrer Hand zu kreisen. Ich stelle also meine letzte Frage: „Welche Rolle hat Ihrer Meinung nach die EU in der Krise gespielt und wie ist die Wahrnehmung der Menschen dazu?"
„Die Wut konzentriert sich auf die spanische Regierung und die spanischen Banken. Langsam wächst aber das Bewusstsein, dass unsere Probleme auch eine europäische Dimension haben und viele Entscheidungen nicht mehr in Madrid getroffen werden."
Sie macht zum ersten Mal eine kurze Pause, bevor sie weiterspricht: „Der Euro hat natürlich, gemeinsam mit der Kapitalverkehrsfreiheit, die Immobilienblase in diesem

---

67 Urteil vom 14. März 2013, Rechtssache C-415/11.

Ausmaß erst möglich gemacht. Ausländische, vor allem auch deutsche Banken, haben riesige Summen in den spanischen Immobilienmarkt gepumpt. Der freie Kapitalfluss, der maximale, kurzfristige Profite suchte, konnte von den Bedingungen in Spanien stark profitieren. So hat sich die Blase entwickelt."

Ich klappe mein Notizbuch zu und bedanke mich, einen kurzen Händedruck später ist sie auch schon durch die Tür verschwunden. Die Mittagssonne scheint durch die großen Fenster, in der Spielecke steht ein buntes Auto auf dem Steinboden. Ich bleibe noch eine Augenblick in dem weiten, stillen Raum sitzen.

Nach dem letzten Interview meiner Reise nehme ich mir die letzten anderthalb Tage in Barcelona frei. Auf dem Platz vor dem Museum für zeitgenössische Kunst sehe ich den umherfliegenden Skatebords zu, am Abend beobachte ich ein junges katalanisches Pärchen, bei dem er einen Kinderwagen schiebt, während sie einen Joint in den Finger hält. Ich schaue Ihnen sehnsüchtig nach, lehne noch eine Weile vor dem hell erleuchteten Triumphbogen an einer Laterne und wandere dann durch die warme Luft nach Hause.

27. JUNI 2013 – BARCELONA

Eines der Highlights meines Erasmusjahres war Xavi. Mit fast 30 Jahren hatte er sich damals entschlossen, seine gesicherte Existenz in Barcelona aufzugeben, um Philosophie zu studieren, was ihn schließlich in dasselbe französische Studentenwohnheim wie mich geführt hatte. Als er nun lachend vor mir steht und wir uns umarmen, spüre ich wieder, wie sehr ich sein friedfertiges und humorvolles Wesen in Nantes gemocht habe. Xavi ist ungefähr zwei Köpfe größer als ich, dünn, hat unordentliche Locken auf dem Kopf und eine kleine Brille auf der Nase. „Hombre! Du hast Deinen Job gekündigt und schreibst ein Buch? Eine Übermensch-Phase! Bravo!" Er drückt meine Schulter und führt mich durch das gotische Viertel in eine Bar mit dunkler Holztäfelung. Obwohl zu Hause ein Kleinkind und seine schwangere Freundin warten, bleiben wir bis ein Uhr nachts bei Tapas und Bier sitzen und erzählen uns von den letzten neun Jahren. Als Xavi schließlich hinter einer Ecke verschwunden ist, stehe ich alleine in den engen Gassen. Meine Reise ist vorbei. Morgen geht es zurück nach Brüssel.

28. JUNI 2013 – BARCELONA – MONTPELLIER – ANDUZE

Der junge Beamte der Guarda Civil, der hinter der Mautstation die Kette mit den Krähenfüßen vor unseren Kühlergrill gelegt hat, beginnt meinen Mitfahrer abzutasten und ich wende den Blick resigniert ab. Die nun folgende Prozedur aus aggressiver Befragung und Leibesvisitation wird nur das Vorspiel zu dem aussichtslosen Unterfangen, per Anhalter die Spanisch-Französische Grenze zu überqueren. „Was ist denn das?", tönt die strenge Stimme aus der Ecke des Kastenwagens. Here we go.

Die Reise zur Autobahn drei Stunden vor meiner Begegnung mit der spanischen Militärpolizei hatte diesmal großen Spaß gemacht. Dank meiner neuen Lieblingsinternetseite Hitchwiki stapfe ich über einen kleinen Trampelpfad am Rand von Barcelona, ein Kloster aus weißem Stein steht friedlich am Fuße der grünen Hügel, die sich rechts von mir erheben, links höre ich das regelmäßige Brausen der Autobahn in der Mittagshitze. Nach 20 Minuten Fußweg taucht die Raststätte vor mir auf, gegen halb drei wische ich mir den Schweiß von der Stirn und packe mein „France"-Pappschild aus. Obwohl zur Mittagszeit nur wenige Autos und fast keine LKWs an der Tankstelle halten, steht schon nach knapp 40 Minuten ein junger Italiener in einem völlig verbeulten Polo neben mir. Er hat auffällig viele Narben im Gesicht und fährt nur 250 Kilometer auf meiner Route, aber ich verringere so den Abstand zwischen meinen schweren Rucksack und dem Dielenboden meiner Wohnung auf knapp 1100 Kilometer und bin immerhin in Frankreich. Bald rasen wir mit 150 auf der linken Spur über die leere Autobahn, Dimitri (Anm.: Der Name wurde auf Wunsch geändert) ist 24, etwas größer als ich, sehr dünn, hat schiefe Zähne und trotz des russischen Namens ausschließlich italienische Vorfahren. Er redet wenig und nur in einem schwierig verständlichen Mischmasch aus Italienisch und Spanisch, aber auch meine Lust auf Konversation ist äußerst beschränkt, seit mir auf seinen braunen Armen mehrere kreisrunde Narben aufgefallen sind, für die ich einfach keine beruhigende Erklärung finden kann.

Nach einer Stunde halten wir an einer Tankstelle, denn, so erklärt mir Dimitri, das Benzin ist in Spanien 20 Cent billiger und die Grenze nach Frankreich nicht mehr fern. Nachdem er mein Geld entschieden abgelehnt hat und auf die Toilette verschwunden ist, sitze ich mit einem Kaffee an einem der Tische neben der Bar und warte. Nach ungefähr fünf Minuten ist er immer noch nicht wiedergekommen, und während ich mich frage, was er auf der Toilette treibt, erübrigt sich jede weitere Überlegung, denn er kommt festen Schrittes auf den Tisch zu und stürzt hektisch den Kaffee hinunter. Zwar versucht er merklich, sich zu kontrollieren, trotzdem sind seine deutlich schnelleren Bewegungen nicht zu übersehen und ich folge einem abgehackten „lets go" zum Auto. Wieder mit Höchstgeschwindigkeit auf der linken Spur zieht er noch zweimal unauffällig die Nase hoch, ich lasse ihn in Ruhe, bis nach 10 Minuten das erste, aggressive High verflogen ist. Als sich ein entspanntes Lachen vom Fahrersitz mit der Musik mischt, strecke ich beruhigt die Beine aus und beginne, über die weitere Planung meiner Reise jenseits von Narbonne nachzudenken.

An der letzten Mautstation vor der Grenze warten wir in einer längeren Schlange. Als wir an der Reihe sind und Dimitri gerade die Karte in den schwarzen Schlitz steckt, schauen mich von hinter der Schranke sechs uniformierte Gestalten an. Sekunden später liegt die große Kette mit den Krähenfüßen zwischen uns und dem weiten Betonfeld, das in die Freiheit führt. Als Zweiter von dem runden Gesicht am Fenster angesprochen, erkläre ich nachdrücklich, erst seit einer Stunde in diesem Auto zu sitzen

und das üble Subjekt neben mir nicht zu kennen. Nur die zwei Rucksäcke seien mein Eigentum, sonst gehöre nichts mir, absolut gar nichts, und während ich alles äußerst deutlich in langsamen Spanisch wiederhohle, halte ich ihm als Beweis meiner Unschuld den Ausweis meines unverdächtigen Vaterlandes hin. Wir werden angewiesen, neben einem Kleintransporter zu parken, dessen offene Schiebetür den Blick auf eine Bank, einen Tisch und eine Autobahnkarte von Spanien an der Wand freigibt. „Also", der Polizist ist maximal 35, hat Sommersprossen, helle Haut und weiche Gesichtszüge, „wenn ihr was dabei habt, sagt es jetzt. Dann schmeißen wir es einfach weg. Wenn wir suchen müssen und etwas finden, gibt es eine Anzeige." Ohne große Überraschung sehe ich, wie Dimitri genau wie ich den Kopf schüttelt. „Dann steigt bitte ein", er zeigt auf die offene Schiebetürm, „und leert eure Taschen aus."
Auf dem Tisch zwischen mir und Dimitri, der mit gespreizten Beinen an der Wand steht, liegen inzwischen zwei Portemonnaies, eine Packung Kaugummi und Taschentücher. Ein jüngerer Beamter hat die Aufgabe übernommen, den beiden fremden Männern den Schritt abzutasten, er ist etwas untersetzt, hat ein rundes, glattes Gesicht, schwarze Haare und ein 50er Jahre Frisur. Resigniert nehme ich also meinen Blick von den Mauthäuschen und schaue in die Ecke, aus der ich die strenge Stimme vernehme: „Was ist denn das?"
„Das ist ein Teil der Boxershort." Dimitri dreht sich um und sieht den Polizisten aus großen Augen an: „Ich zeige es Ihnen." Er beginnt seinen Gürtel zu öffnen, überrascht schaue ich ihm zu, wie er die große Metallschnalle löst.
„Nein, nein, nicht nötig." Der junge Beamte winkt hastig ab. „Schon gut. Setz Dich hin." Er dreht sich zu mir: „Jetzt Du."
Immer noch verwundert folge ich der Aufforderung, lege die Handflächen an das Blech und komme in den Genuss einer unangenehm genauen Leibesvisitation. Bald sitze ich aber unversehrt auf der kleinen Bank und schaue, vergnügt über den glücklichen Ablauf unseres kleinen, homoerotischen Abenteuers, drei Männern der Guarda Civil zu, wie sie eine halbe Stunde lang den gesamten Wagen auf den Kopf stellen. Als zwei von Ihnen schon aufgegeben haben und mit verschränkten Armen auf dem heißen Beton stehen, leuchtet der vom Ehrgeiz gepackte dritte Beamte immer noch mit einer kleinen Taschenlampe unter die Sitze. Fünf Minuten später richtet aber auch er sich schwitzend auf und knipst die Taschenlampe aus: „Ich habe es nicht gefunden." Sauer würdigt er uns keines Blickes und stapft davon. Kurze Zeit später sitzen wir wieder im Auto und flitzen durch die brütende Hitze. Kaum sind wir außer Sichtweite der Mautstation, kann ich nicht mehr an mich halten: „Alter! Wo hattest Du es versteckt?" Lachend greift er sich in die Boxershorts und zieht einen kleinen Rest Koks und ein dickes Tütchen Grass hervor.
An der spanisch-französischen Grenze selber lässt sich kein Uniformierter blicken und eine Stunde später fahren wir durch französische Weinberge. Kleine Steinhäus-

chen stehen in den weiten, gleichmäßigen Reben, aus dem geöffneten Fenster weht ein mittlerweile angenehm kühlerer Wind. Eine weiche, französische Frauenstimme klingt aus dem Radio und spricht vom Verkehr auf den umliegenden Landstraßen, in vollen Zügen genieße ich den blauen Himmel und stelle mir einen roten Schmollmund vor einem großen Mikrofon vor.

Die Raststätte kurz hinter Narbonne, auf der ich verzweifelt versuche, nach Paris mitgenommen zu werden, ist weniger idyllisch. Bald erkenne ich, dass mein Schild angesichts der fortgeschrittenen Stunde sowie der knapp 800 Kilometer bis in die Stadt der Liebe ein sehr ambitioniertes Unterfangen darstellt. Langsam wird es kühler, um 19:00 Uhr trinke ich einen doppelten Espresso, um halb neun schreibe ich Montpellier auf mein Schild. Heute war ein aufregender Tag, ich möchte wenigstens am Bahnhof von Montpellier auf einer Bank übernachten, bevor ich morgen früh den TGV nach Paris nehme.

Kaum fünf Minuten stehe ich mit meinem neuen Schild an der Ausfahrt, da hält ein schwarzer Ford neben mir. Aus den mühsam geöffneten Türen fallen mir zwei junge Franzosen vor die Füße und grölen „Bac +2", der Fahrer kommt mir nüchterner vor, hat wenig Bartwuchs, kleine Raucherflecken auf den Schneidezähnen und bietet mir freundlich an, mich bis Montpellier mitzunehmen. Bald sitze ich auf der Rückbank, habe eine Dose warmes Starkbier in der Hand, eine Zigarette in der anderen und Guillaume, mein etwas dicklicher, bärtiger Sitznachbar erklärt mir schreiend den Grund seiner Trunkenheit: „Bac", das sei das französische Abitur, und „+2" stehe für zwei erfolgreich absolvierte Jahre einer Ausbildung, in seinem Fall der eines KFZ-Mechanikers. Ich gratuliere überschwänglich und wir stoßen an, auch mit Bruno, der am Steuer große Schlucke von seinem Bier nimmt. Die Fahrt gestaltet sich insgesamt sehr amüsant, Bruno, sein Bruder, der vorne neben ihm sitzt, und Guillaume unterhalten sich ausschließlich schreiend, verteidigen ihre Standpunkte vehement, behaupten anschließend das Gegenteil, beleidigen sich, schlagen sich gegenseitig auf die Arme, küssen sich auf die Backen und der ganze Tumult mischt sich mit dem lauten Fahrtwind der offenen Fenster.

Kurz vor Montpellier kommt die Sprache auf meine weiteren Reisepläne und ich erzähle, die Nacht am Bahnhof verbringen zu wollen. Bruno wird still und bietet mir nach einer Weile an, mit ihnen im Landhaus seines Vaters zu übernachten. Ich bin zwar von dem Geschrei ein wenig eingeschüchtert, andererseits winkt ein Bett an der Grenze zur Provence. Schließlich nehme ich dankend an, schreibe für alle Fälle Almudena eine SMS mit meinem Aufenthaltsort und erfreue mich dann erleichtert an der Fahrt durch lange Alleen und kleine, französischen Landdörfchen. Wir kommen an ein Haus im Nirgendwo, Bruno zeigt mir ein Gartenhäuschen mit zwei Betten, wo ich meine Sachen abstelle. Inzwischen ist es dunkel, die drei sind in der Garage verschwunden, um an einem Geländewagen zu schrauben, ihre wüsten Beleidigungen tönen durch den verwilderten Garten. Erschöpft und glücklich lasse ich mich in das hohe Gras fallen, lege mich auf den Rücken und schaue in die Sterne. Die langen Grashalme ragen an den Seiten in die Höhe und zeichnen dunkle Striche in die Nacht, dahinter leuchtet das Firmament unendlich, hell und klar. Wütende Stimmen wandern zwischen der Garage und dem Haus hin und her, steigern sich zu aggressivem Gebrüll, ich aber rühre mich nicht, schaue nur in den Himmel und in die leuchtenden, nach Lavendel riechenden Sternen.

29. JUNI 2013 – ANDUZE – NIMES – BRÜSSEL

Am Morgen taucht der Vater von Bruno auf, ein Mann mit grauem Schnurrbart und kräftigem Händedruck. Während ich im Wohnzimmer auf meinem Laptop die Zugverbindung nach Brüssel suche, folgt Bruno den kurzen Befehlen seines Vaters und läuft von links nach rechts, am Mittag bringt er mich dann mit seinem Bruder nach Alès, wo der Zug nach Nimes und der TGV weiter nach Brüssel fährt. Als ich mich verabschiede, drückt er meine Hand noch fester als sein Vater, wünscht mir alles Gute und braust davon.

In dem grauen Zug düse ich durch die französischen Weinberge und schaue über die Hügel in den Himmel, der im Süden so hundertmal weiter zu sein scheint. Einer der Menschen, die ich auf meiner Reise alle zwei Wochen mit einer Mail bedacht habe, hat mir heute eine weiche Landung in Brüssel gewünscht. Während draußen Häuser aus grauem Stein und hellrote Dächer in den Weinbergen vorbeifliegen, denke ich an den engen und grauen Brüsseler Himmel. Mit einem flauen Gefühl im Magen ziehe ich mein Notizbuch aus dem Rucksack und fahre mit der Hand langsam über das abgenutzte Leder.

EPILOG

An einem ungemütlichen Herbstabend sitze ich in einem großen, hell erleuchteten Saal. Durch Zufall bin ich heute an eine Karte für die begehrte Veranstaltung im Palais des Beaux-Arts gekommen, weswegen ich mich unvermittelt in altbekannter Brüsseler Umgebung wiederfinde. Zwei Reihen vor mir beginnt die riesige Bühne, die vier Stühle des Podiums sind vor einem Wald von Notenständern aufgebaut, links daneben glänzt ein großer schwarzer Flügel. Auf drei weißen Schildern steht in Druckbuchstaben „Mario Monti", „Luis Zapatero" und „Guy Verhofstadt", der Saal beginnt sich entsprechend der bekannten Gäste langsam zu füllen. Ein junger Mann mit einem Pullover aus dünnem, grauen Stoff, einem adrett gestutzten Bart und großer Brille bedeutet mir mit einem Handzeichen, meine Jacke von dem Stuhl neben mir zu nehmen. Ich schaue ihn einen Augenblick verwundert an, bevor ich reagiere.

Nachdem die Diskussion begonnen hat, beobachte ich die drei ehemaligen Regierungschefs. Mario Monti spricht als erster und kritisiert in ruhigem, klarem Englisch die Kurzsichtigkeit der Politik, die immer nur auf die nächste Wahl schaut. Luis Zapatero appelliert emotional an die Kraft Europas und der EZB und Guy Verhofstadt schaut mit kleinen Augen hinter seiner großen Brille verschmitzt in den Saal. Als der sympathische belgische Politiker an der Reihe ist, hebt er die Arme, gestikuliert, nimmt eloquent den von seinem Vorredner gespannten Gesprächsfaden auf und endet in einer humorvollen Anspielung auf die Größe seines Heimatlandes. Lautes Lachen erhebt sich. Auch ich muss schmunzeln. Plötzlich höre ich hinter mir die Stimme eines alten Mannes, die laut durch die allgemeine Heiterkeit schneidet.

„Est-ce qu'il y aura du temps pour poser des questions?"[68]

---

68 Zu Deutsch: Wird es noch Zeit für Fragen geben?